AF218930

Impressum
Verlag: BABADADA GmbH, Nedderfeld 112 , 22529 Hamburg
Geschäftsführer / Verlagsleitung: Harald Hof
Druck: Books on Demand GmbH, In de Tarpen 42, 22848 Norderstedt

Imprint
Publisher: BABADADA GmbH, Nedderfeld 112 , 22529 Hamburg, Germany
Managing Director / Publishing direction: Harald Hof
Print: Books on Demand GmbH, In de Tarpen 42, 22848 Norderstedt

l'école

སློབ་ཁང་།
la salle de classe

བགོ་བ།
diviser

186/2

ཡིག་པང་།
le tableau noir

སློབ་གྲྭའི་ལྷས་རྩེད་ཐང་།
la cour (de récréation)

དགེ་རྒན།
le professeur

ཤོག་བུ།
le papier

འབྲི་བ།
écrire

སྨྱུ་གུ།
le stylo

ཅོག་ཙེ།
le bureau

ཐིག་ཤིང་།
la règle

དཔེ་དེབ།
le livre

སློབ་ཕྲུག
l'élève

དཔེ་ཁུག
le cartable

སྨྱུག་སྒམ།
la trousse

ཞ་སྙུག
le crayon

གཤོག་གྲི།
le taille-crayon

འགྱིག་གསུབ།
la gomme

འབྲི་པང་།
le carnet à dessin

རི་མོ།

le dessin

ཚོན་ཕིར།

le pinceau

ཚོན་སྣུམ།

la boîte de peinture

ཇེམ་ཚེ།

les ciseaux

འབྱར་སྤྱི།

la colle

སྦྱོང་བདར་སྤྱོན་དེབ།

le cahier d'exercices

ནང་སྦྱོང་།

les devoirs

ཨང་གྲངས།

le chiffre

སྣོན་པ།

additionner

འཐེན་པ།

soustraire

སྒྱུར་པ།

multiplier

རྩིས་རྒྱག་པ།

calculer

A

ཡི་གེ

la lettre

ABCDEFG
HIJKLMN
OPQRSTU
VWXYZ

ཀ་ཁ་

l'alphabet

hello

ཚིག

le mot

ཡིག་གཞི།
le texte

སློག་པ།
lire

ས་སྒུག
la craie

སློབ་ཚན།
la leçon

དེབ་གཞུང་།
le livre de classe

ཡིག་ཚད།
l'examen

ལག་ཁྱེར།
le certificat

སློབ་གོས།
l'uniforme scolaire

སློབ་གསོ།
la formation

ཤེས་བྱ་ཀུན་བཏུས་དེབ་ཐེར།
le lexique

སློབ་གྲྭ་ཆེན་མོ།
l'université

ཕྲ་མཐོང་ཆེ་ཤེལ།
le microscope

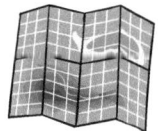

ས་ཁྲ།
la carte

གད་སྙིགས་སློད།
la corbeille à papier

le voyage

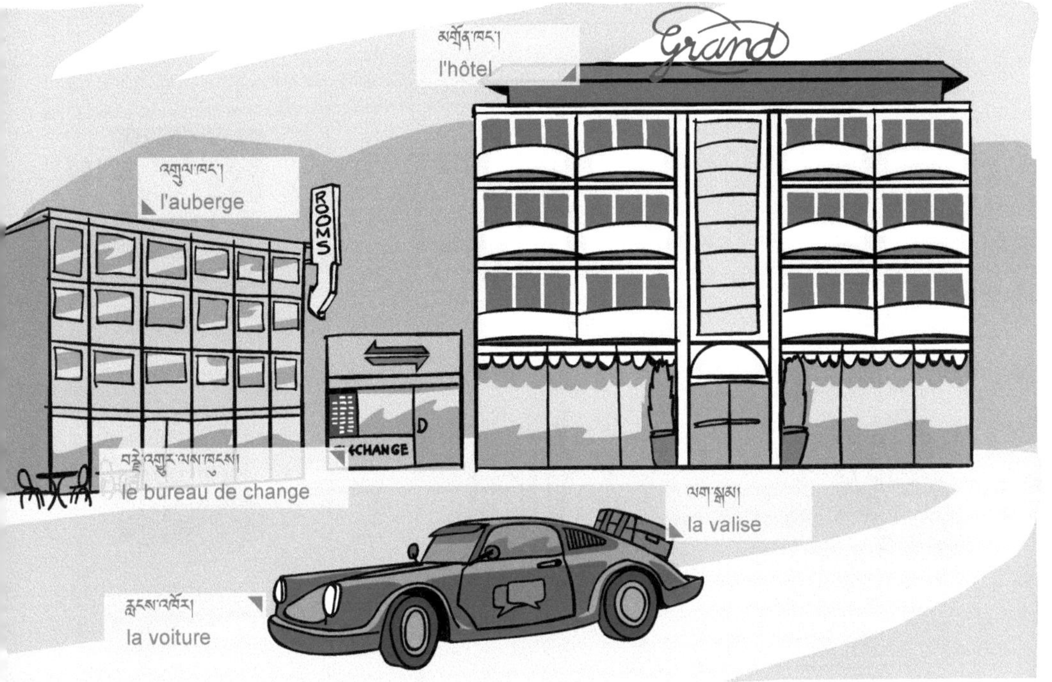

མགྲོན་ཁང་།
l'hôtel
Grand
འགྲུལ་ཁང་།
l'auberge
ROOMS
CHANGE
བརྗེ་འགྱུར་ལས་ཁུངས།
le bureau de change
ལག་སྒམ།
la valise
རླངས་འཁོར།
la voiture

སྐད་རིགས།

la langue

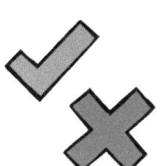

རེད། མ་རེད།

oui / non

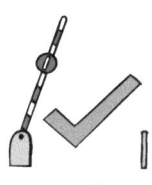

ལགས་སོ།

d'accord

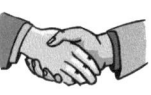

ཁམས་བཟང་།

Salut

ཡིག་སྒྱུར་བ།

l'interprète

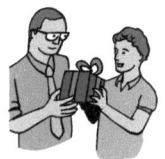

ཐུགས་རྗེ་ཆེ།

merci

ག་ཚོད་རེད།

Combien coûte...?

ང་གོ་མ་སོང་།

Je ne comprends pas

དཀའ་ངལ།

le problème

དགོང་མོ་བདེ་ལེགས།

Bonsoir !

ཞུ་རོ་བདེ་ལེགས།

Bonjour !

མཚན་མོ་བདེ་ལེགས།

Bonne nuit !

ག་ལེར་ཕེབས།

Au revoir

ཁ་ཕྱོགས།

la direction

ཅ་ལག།

les bagages

ལྒག་མ།

le sac

རྒྱབ་ཁུག

le sac-à-dos

མགྲོན་པོ།

l'hôte

ཁང་མིག

la pièce

ཉལ་ཁུག

le sac de couchage

གུར།

la tente

ཐབ་ཤོར་ཅ་འཛིན།

l'office de tourisme

མཚོའི་ཁྱམ་ཐང་།

la plage

ཡིད་རྟོན་བྱང་བུ།

la carte de crédit

ཞོགས་ཟས།

le petit-déjeuner

དགུང་ས་ཚོ།

le déjeuner

དུབ་ཚོ།

le dîner

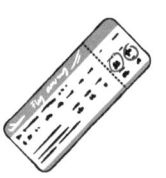

པ་སེ།

le billet

སྒྱོག་སྐས།

l'ascenseur

ཐེལ་ཚེ།

le timbre

མཐའ་མཚམས།

la frontière

སྒོ་ཁྲལ།

la douane

གཞུང་ཚབ་ཆེན་མོའི་ལས་ཁུངས།

l'ambassade

མཆན་བཀོད་ལག་ཁྱེར།

le visa

ལག་འཁྱེར།

le passeport

སྐྱེལ་འདྲེན་བྱེད་པ།

le transport

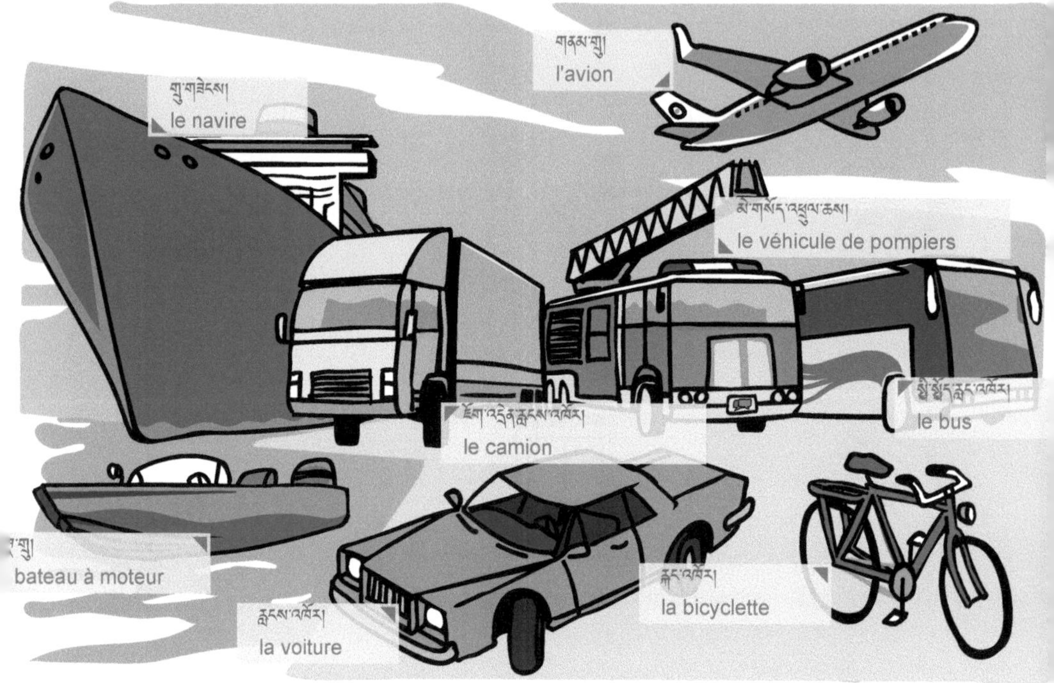

གནམ་གྲུ།
l'avion
གྲུ་གཟིངས།
le navire
མེ་གསོད་འཁྲུལ་ཆས།
le véhicule de pompiers
ཇོག་འདྲེན་རླངས་འཁོར།
le camion
སྤྱི་སྤྱོད་རླངས་འཁོར།
le bus
ར་གྲུ།
bateau à moteur
རྐང་འཁོར།
la bicyclette
རླངས་འཁོར།
la voiture

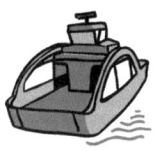

ཀོ་ས།

le ferry

གྲུ།

la barque

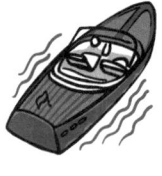

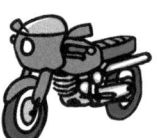

འཁྲུལ་རྟ།

la moto

བདེ་སྲུང་སྐུམ་འཁོར།

la voiture de police

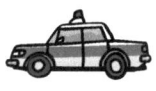

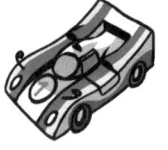

རླངས་འཁོར་འགྲན་བསྡུར།

la voiture de course

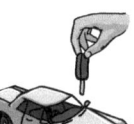

གླ་འབབ་རླངས་འཁོར།

la voiture de location

རླངས་འཁོར་བགོ་འགྲེམས་བྱེད་པ།
....
l'auto-partage

འདྲུད་འཁོར་ཆག་སྟོན།
....
la voiture de remorquage

འདུད་འཁོར།
....
la benne à ordures

མོ་ཊ།
....
le moteur

སྣུམ་ཤིང་།
....
l'essence

རྫ་སྣུམ་ས་ཚིགས།
....
la station d'essence

འགྲིམ་འགྲུལ་གྱི་མཚོན་རྟགས།
....
le panneau indicateur

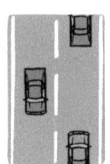

འགྲིམ་འགྲུལ།
....
le trafic

འགྲིམ་འགྲུལ་འགགས་པ།
....
l'embouteillage

རླངས་འཁོར་འཇོག་པ།
....
le parking

མེ་འཁོར་འབབ་ཚིགས།
....
la gare

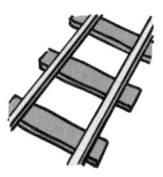

ལམ་ཆད།
....
les rails

མེ་འཁོར།
....
le train

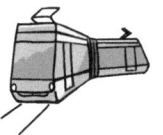

གློག་སྐུལ་གྱི་སྟོན་གྱི་འཁོར་ལམ།
....
le tramway

ཤིང་རྟ་འཁོར་ལོ།
....
le wagon

ཕབ་འཐེར་གནམ་གྲུ།

l'hélicoptère

གནམ་གྲུ་ས་ཚིགས།

l'aéroport

ལྟོག་ལྟོག་མཁར་པ།

la tour

འགྲུལ་པ།

le passager

སྒྲོད་ཚས།

le conteneur

ཤོག་སྒམ།

le carton

ཤིང་རྒྱ།

le chariot

གཟེད་མ།

la corbeille

མཆོང་བ།

décoller / atterrir

སྒྲོང་ཁྱེར།

la ville

སྡེ་བ།

le village

གྲོང་ཁྱེར་གྱི་ལྟེ་བ།

le centre-ville

ཁང་པ།

la maison

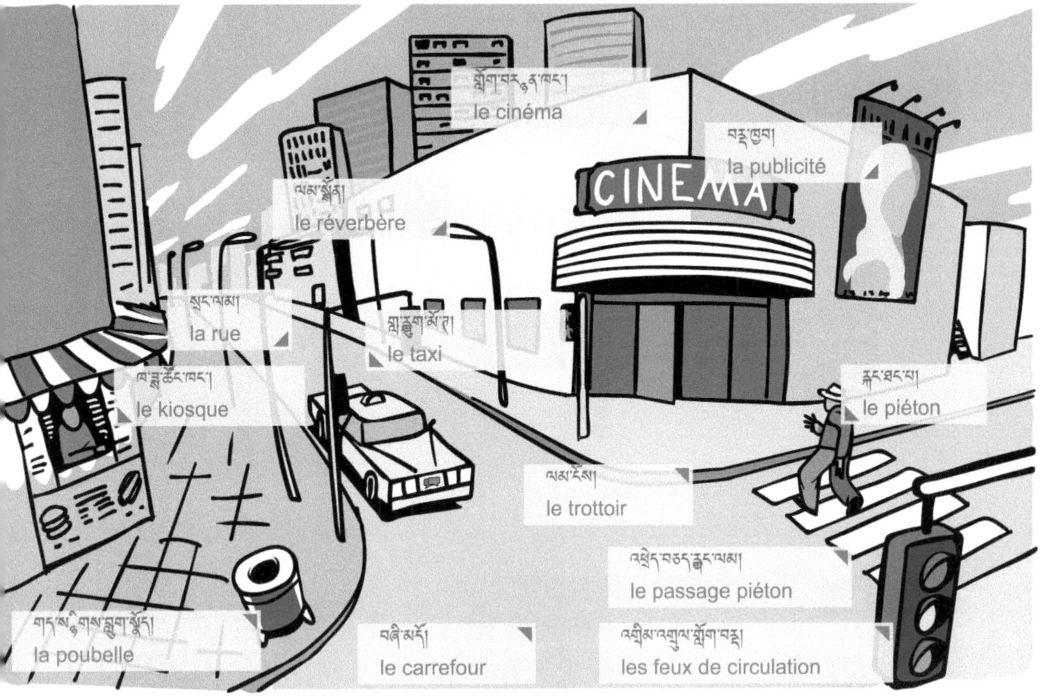

སྒློག་བརྙན་ཁང་།
le cinéma

བསྒྲགས།
la publicité

CINEMA

ལམ་སྒྲོན།
le réverbère

སྲང་ལམ།
la rue

སྐ་རྒྱུག་མོ་ར།
le taxi

ཚོང་ཟུར་པ།
le piéton

ཚོང་སྒྲོམ་ཁང་།
le kiosque

ལམ་འགྲམ།
le trottoir

འཕྲེད་བཅད་ཚུར་ལམ།
le passage piéton

གད་སྙིགས་སླུག་སྣོད།
la poubelle

བཞི་མདོ།
le carrefour

འགྲིམས་འགྲུལ་སྒློག་བརྡ།
les feux de circulation

ཁང་ཆུང་།
la cabane

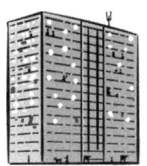

ཁང་པ།
l'appartement

མེ་འཁོར་འབབ་ཚིགས།
la gare

གྲོང་སྡེའི་ཆོགས་ཁང་།
la mairie

འགྲེམ་སྟོན་ཁང་།
le musée

སློབ་གྲྭ།
l'école

སློབ་གྲྭ་ཆེན་མོ།

l'université

དངུལ་ཁང་།

la banque

སྨན་ཁང་།

l'hôpital

མགྲོན་ཁང་།

l'hôtel

སྨན་སྟོར་ཁང་།

la pharmacie

ལས་ཁུངས།

le bureau

དཔེ་ཁང་།

la librairie

ཚོང་ཁང་།

le magasin

མེ་ཏོག་ཚོང་མཁན།

le fleuriste

ཉུ་ཚོགས་ཁྲོམ་ར།

le supermarché

ཁྲོམ་ར།

le marché

ཉུ་ཚོང་ཚོང་ཁང་།

le grand magasin

ཉ་ཚོང་མཁན།

la poissonnerie

ཚོང་ཁང་ལྟེ་གནས།

le centre commercial

གྲུ་ཁ།

le port

སྐྱེད་ཚལ།
....
le parc

དངུལ་ཁུག་ནང་སོ།
....
la banque

ཟམ་པ།
....
le pont

ཐེམ་སྐས།
....
les escaliers

ས་འོག་གི།
....
le métro

 རི་སྦུག་ལུགས་ལམ།
....
le tunnel

སྤོ་འཁོར་འབབ་ཚིགས།
....
l'arrêt de bus

ཆང་ཁང་།
....
le bar

ཟ་ཁང་།
....
le restaurant

ཡིག་སྒྲོམ།
....
la boîte à lettres

ལམ་གྱི་མཚོན་རྟགས།
....
le panneau indicateur

འཇོག་སྒྲ་རེ་རེ་འན་མིག
....
le parcmètre

གཅན་གཞི་ཁང་།
....
le zoo

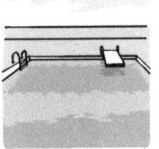

རྒྱལ་རྟེན།
....
le réverbère

ཁ་ཆེའི་ལྷ་ཁང་།
....
la mosquée

ཞིང་ར།

la ferme

འབགས་བཙོག

la pollution

དུར་ས།

la cimetière

ལྷ་ཁང་།

l'église

རྩེད་ཐང་།

l'aire de jeux

lha khang

ལྷ་ཁང་།

le temple

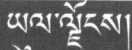

ལོ་མ།
la feuille

ལམ་རྟགས།
le panneau indicateur

ལམ།
le chemin

སྤང་ལྗོངས།
le pré

རྡོ།
la pierre

ཀུན་བཟང་ཡུལ་སྐོར་བ།
le randonneur

ཤིང་པོ།
l'arbre

ཆུ་བོ།
la rivière

རྩྭ།
l'herbe

མེ་ཏོག
la fleur

གྲོང༌།
la vallée

རི༌བོ།
la montagne

མཚོ།
le lac

ནགས༌ཚལ།
la forêt

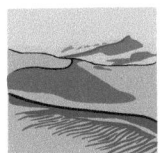

བྱེ༌ཐང༌
le désert

མེ༌རི།
le volcan

ཕོ༌བྲང༌།
le château

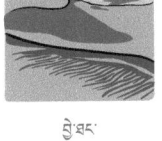

འཇའ༌ཚོན།
l'arc-en-ciel

ཤ༌མོ།
le champignon

ཏ༌ལའི༌ཤིང༌།
le palmier

དུག༌སྦྲང༌།
le moustique

སྦྲང༌བུ།
la mouche

གྲོག༌མ།
les fourmis

བུང༌བ།
l'abeille

སྦོམ།
l'araignée

སྦུར་ནག
le coléoptère

སྦལ་པ
la grenouille

ཐང་ལྡི
l'écureuil

ཆུང་མོ
le hérisson

རི་བོང
le lièvre

འུག་པ
la chouette

བྱ
l'oiseau

ངང་དཀར
le cygne

ཕོ་ཕག
le sanglier

ཤ་བ
le cerf

རྟ་མོང་ཤ་བ
l'élan

ཆུ་རགས
le barrage

རླུང་གི་འཕུལ་ཆས
l'éolienne

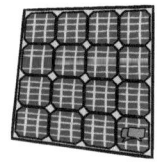

ཉི་མའི་བཞུགས་མོ་ཚོལ་ཆོགས་ཆུད

le panneau solaire

ནམ་ཟླ
le climat

16   ཡུལ་ལྗོངས - le paysage

le restaurant

ཞབས་ཞུ་བ།
le serveur

ཆོད་ཡིག
le menu

རྐུབ་ཀྱག
la chaise

ཐང་།
la soupe

པི་ཙ།
la pizza

སྐུ་རིགས།
les couverts

སྒྲོག་རས།
la nappe

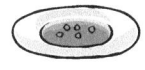

ཟ་མ་དང་པོ།

les hors d'œuvre

གཙོ་ཆས།

le plat principal

མངར་ཟས།

le dessert

འཐུང་བ།

les boissons

ཁ་ལག

l'alimentation

ཤེལ་དམ།

la bouteille

མགྱོགས་ཟས།
le fast-food

ཤུང་གི་ཟས་ཤིག
les plats à emporter

ཇ་འབག
la théière

མངར་པོར།
le sucrier

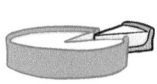

དུམ་བུ།
la portion

ཅིག་ཀྲུ་འཕུལ་ཆས།
la machine à expresso

ཉུང་མཆོ་ཁྲུབ་སྟེགས།
la chaise haute

ཕོ་ཡིག
la facture

ཤིང་ཁྲོལ།
le plateau

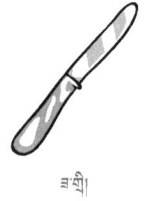

ཟ་གྲི།
le couteau

ཟས་ཆེབ།
la fourchette

ཞེམ་བུ།
la cuillère

ཐུར་མ།
la cuillère à thé

ལག་རས།
la serviette

ཤེལ་ཕོར།
le verre

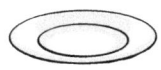

སྡེར་མ།

l'assiette

ཐབ་ཕོར།

l'assiette à soupe

སྡེར་དཔྱིབས།

la soucoupe

སྤོད་རྐྱག

la sauce

ཚྭ་ཁོག

la salière

གཡེར་མ་འཐག་འཁོར།

le moulin à poivre

ཚོད།

le vinaigre

སྣུམ།

l'huile

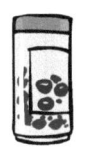

སྣ་ཚོགས།

les épices

ཞེ་ཅུ་འད།

le ketchup

ཨེ་ཐེ།

la moutarde

སྤོན་མེར་ཚད།

la mayonnaise

སྣ་ཚོགས་ཁྲོམ་ར།

le supermarché

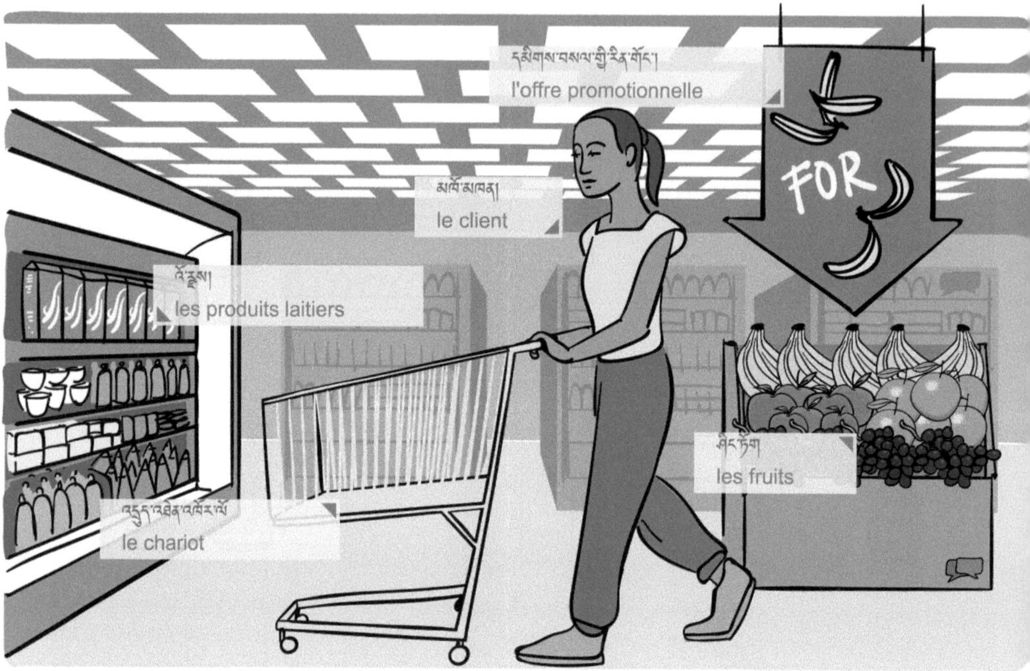

དམིགས་བསལ་གྱི་རིན་གོང་།
l'offre promotionnelle
FOR
མཁོ་མཁན།
le client
འོ་རྫས།
les produits laitiers
ཤིང་ཏོག
les fruits
འདྲུད་འཐེན་འཁོར་ལོ
le chariot

BUTCHERS

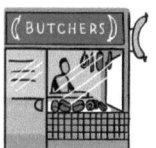

བཤས་ཚོང་།

....

la boucherie

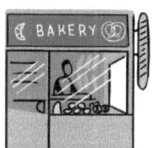

BAKERY

བག་སྒོབ་ལས་མཁན།

....

la boulangerie

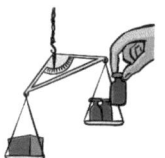

ལྗིད་ཚད་འཇོགས་པ།

....

peser

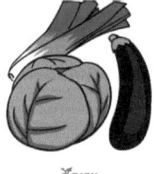

ཚོད་མ།

....

les légumes

ཤ།

....

la viande

འཁྱགས་ཟས།

....

les aliments surgelés

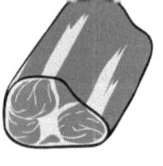

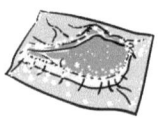

ཤ་གྲུད།
la charcuterie

ཀྱིན་བཙལ་པའི་ཟ་མ།
les conserves

ཁྲུས་བྱུག།
la poudre à lessive

མངར་ཟས།
les bonbons

ཕྱིས་ཆས།
les articles ménagers

ཕོན་རྫས་གཙང་མ།
les détergents

འགྲེམ་ཚོང་མ་ཁན།
la vendeuse

དངུལ་སྒྲོམ།
la caisse

དངུལ་གཉེར།
le caissier

དངོས་ཚོ་ཞིབ་ཐོ།
la liste d'achats

སྒོ་འབྱེད་དུས་ཚོད།
les heures d'ouverture

དངུལ་ཁུག
le portefeuille

ཨིན་རྟོན་བྱང་བུ།
la carte de crédit

ཁག་མ།
le sac

འགྱིག་ཤོག
le sac en plastique

les boissons

ཆུ།

l'eau

ཤིལ་ཁུ།

le jus de fruit

འོ་མ།

le lait

ཁོ་ནག

le coca

རྒུན་ཆང་།

le vin

སྦུ་ཆང་།

la bière

ཆང་རིགས།

l'alcool

ཅོ་ཀོ་ལི།

le chocolat chaud

ཇ།

le thé

ཅོག་ཁ།

le café

ཅིག་ཁ།

l'expresso

ཀ་པའི་ཅི་ནོ།

le cappuccino

l'alimentation

དངས་ལག།

la banane

ཀུ་ཤུ།

la pomme

ཚ་ལུ་མ།

l'orange

སྒྱ་ཚིག་གོནི།

le melon

ལེ་མོན།

le citron.

ལབ་ལེར

la carotte

སྒོག་པ།

l'ail

སྤུག་མ།

le bambou

ཙོང༌།

l'oignon

ཤ་མོ།

le champignon

སྤུན་སྒོགས།

les noisettes

ཕྲུག་པ།

les pâtes

རྒྱ་ཐུག

les spaghetti

འབྲས།

le riz

གྲང་ཚལ།

la salade

ཀྲི་པུ་སི།

les pommes frites

ཡོངས་མ་སྲེག་པ།

les pommes de terre rôties

པི་ཙ།

la pizza

ཤེམ་བྲུ་སྐྲ།

le hamburger

བག་ལེབ་སྣ་ཁྲི་ཅི།

le sandwich

པ་ཏིག་གཞོགས།

l'escalope

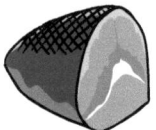

ཕག་ཤ་དྲངམ།

le jambon

ས་ལ་མི།

le salami

རྒྱུ་མ།

la saucisse

བྱ་ཤ།

le poulet

སྲེག་པ།

le rôti

ཉ།

le poisson

ཁ་ལག - l'alimentation

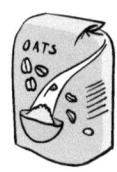

ཨོ་ག།

les flocons d'avoine

སྨྲེ་རི་ལི།

le muesli

ཨ་ཤོམ་ལེབ་མོ།

les cornflakes

ཕྱེ་མ།

la farine

གུང་ར།

le croissant

བག་ལེབ།

les petits-pains

བག་ལེབ།

le pain

བག་ལེབ་ཏིག་གཟེགས་ཤེག་མ།

le pain grillé

སྐུམ་ཤོབ

les biscuits

མར།

le beurre

ཆོ།

le fromage blanc

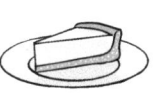

བག་ལེབ་ཤོབ་ཤོབ།

le gâteau

སྒོང་།

l'œuf

སྒོ་ང་བརྔོ་བ།

l'œuf au plat

ཕྱུར་ར།

le fromage

འཁྱགས་ཞོ།
....
la glace

ཇེ་ལ་ཀ་ར།
....
le sucre

སྦྲང་རྩི།
....
le miel

ལྕེ་མངར།
....
la confiture

ཚག་ཡི་ཅང་།
....
la crème nougat

སྣ་མེར།
....
le curry

la ferme

གཞལ་ཁང་།
la ferme

བྲུག་ཁང་།
la grange

རྩྭ་ཕག།
la botte de paille

ཞིང་ས།
le champ

རྟ།
le cheval

འཇུད་བྱའི་འཕྲོར་ལྷོ།
la remorque

རྟ་ཕྲུག
le poulain

འཇུད་འཕྲོར།
le tracteur

རྟོང་བུ།
l'âne

ལུ་གུ།
l'agneau

འཇུད་འཕྲོར།
le mouton

ར་མ།
....
la chèvre

བ་མོ།
....
la vache

བེའུ།
....
le veau

ཕག
....
le porc

ཕག་ཕྲུག
....
le porcelet

གླང་།
....
le taureau

དང་པ།
....
l'oie

བྱ་གག
....
le canard

བྱིའུ་ཕྲུག
....
le poussin

བྱ་མོ།
....
la poule

བྱ་ཕོ།
....
le coq

ཙི་པ།
....
le rat

ཞི་མི།
....
le chat

ཤ་བྱི་ལིག
....
la souris

བ་གླང་།
....
le bœuf

ཁྱི།
....
le chien

ཁྱི་ཁང་།
....
le chenil

མེ་ཏོག་ལུམ་མའི་ཁབ་པ།
....
le tuyau de jardin

ཆུ་འདྲེན་པའི་ལྱུགས་ཅེན།
....
l'arrosoir

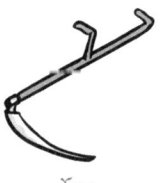

རྩོར་པ།
....
la faucheuse

ཞིང་གཤོལ།
....
la charrue

ཟོར་བ།

la faucille

འཚོར།

la pioche

རྩྭ་སྣམ་གྱི་ཁ་དབག

la fourche

སྟ་རེ།

la hache

འཁོར་ལོ་གཅིག་མ།

la brouette

དམར་ས།

la cuve

འོ་རྫ།

le pot à lait

སྦོ་ལྷུག

le sac

ར་བ།

la clôture

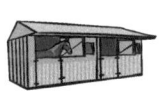

བཅུན་པོ།

l'étable

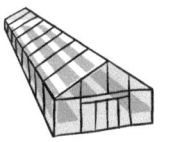

རྫོད་ཁང་།

le serre

ས།

le sol

འབྲུ།

les semences

ཚོ་ལུད།

l'engrais

མཉམ་བསྡུ་འཕྲུལ་འཁོར།

la moissonneuse-batteuse

 སྟོན་བསྡུ་བ།
....
récolter

སྟོན་འབབ།
....
la récolte

རི་སྐུན།
....
l'igname

འབྲུ།
....
le blé

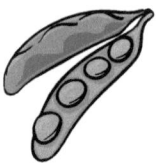

རང་ཡུལ།
....
le soja

ཡོང་མ།
....
la pomme de terre

མ་རྫོས་ལོ་ཏོག
....
le maïs

ཡུངས་དཀར་འབྲུ།
....
le colza

ཤིང་སྟོང་།
....
l'arbre fruitier

ཞོག་ལོག་མངར་མོ།
....
le manioc

འབྲུ་རིགས།
....
les céréales

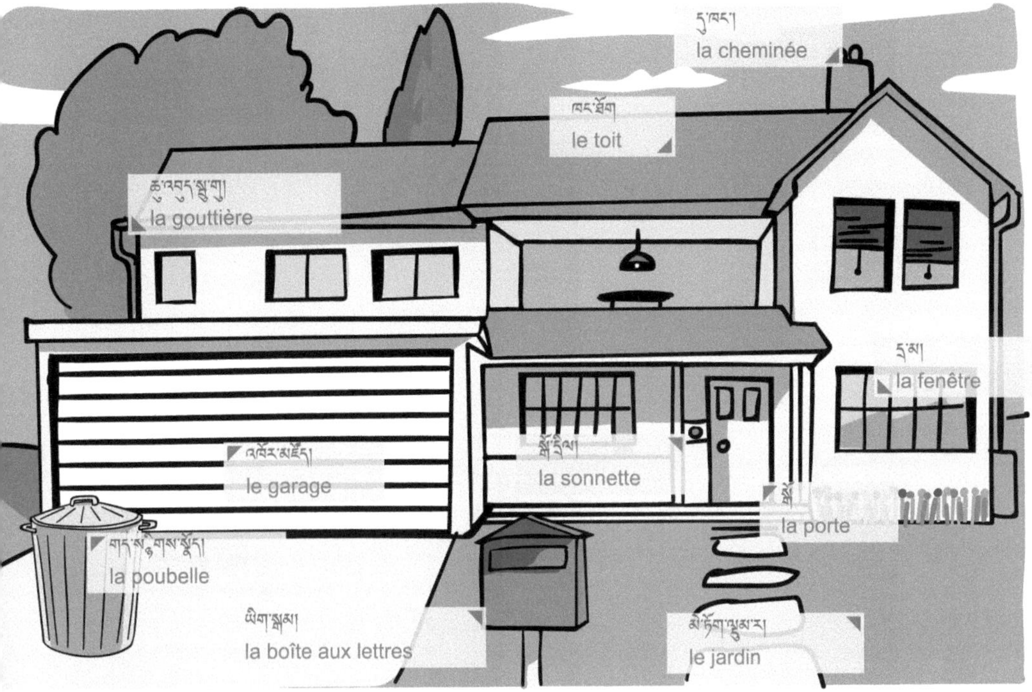

la maison

ད་ཁུང་།
la cheminée

ཁང་ཐོག
le toit

ཆུ་འབུད་སྦུག་གུ
la gouttière

ད་མ།
la fenêtre

འཛིར་མ་ཚོད།
le garage

སྒོ་དྲིལ།
la sonnette

སྒོ།
la porte

གད་སྣ་གས་སློད།
la poubelle

ཡིག་སྒྲོམ།
la boîte aux lettres

མེ་ཏོག་ལྗང་པ།
le jardin

སྐྱིད་ཁང་།
le salon

འཁྲུས་ཁང་།
la salle de bain

ཐབ་ཚང་།
la cuisine

ཉལ་ཁང་།
la chambre à coucher

བྱིས་པའི་ཁང་པ།
la chambre d'enfant

ཁ་ལག་ཟ་ས།
la salle à manger

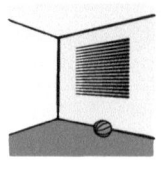

པང་གཅལ།
le sol

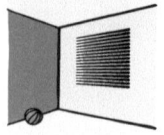

གྱང་།
le mur

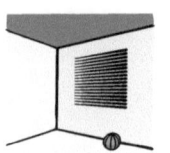

གནམ་གཅལ།
le plafond

ས་འོག
la cave

ཚ་རྫས་ཁུས།
le sauna

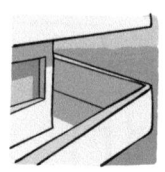

འདིངས་གཡབ།
le balcon

སྒལ་ཞིང་།
la terrasse

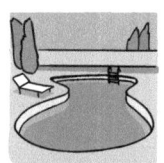

རྫིང་བུ།
la piscine

རྩྭ་འབྲེག་འཁྲུལ།
la tondeuse à gazon

ལེབ་མོ།
la housse

ཉལ་ཁྲིའི་ཁེབས།
la couette

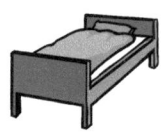

ཉལ་ཁྲི།
le lit

ཕྱགས་མ།
le balai

ལ་ཆགས་ཞིམ།
le sceau

མཐུད་སྒོ
l'interrupteur

གྱང་ཤོག
le papier peint

རི་མོ།
l'image

སྒྲོན་མ།
la lampe

བང་ཁྲི།
l'étagère

འབར་སྐམ།
l'armoire

ཐབ།
la cheminée

བརྙན་འཕྲིན།
la télé

མེ་ཏོག
la fleur

སྒང་ན།
le coussin

བོས་འབོལ་གདན།
le sofa

བུམ་པ།
le vase

རྒྱང་བཀོལ་ལོ་ཚབ།
la télécommande

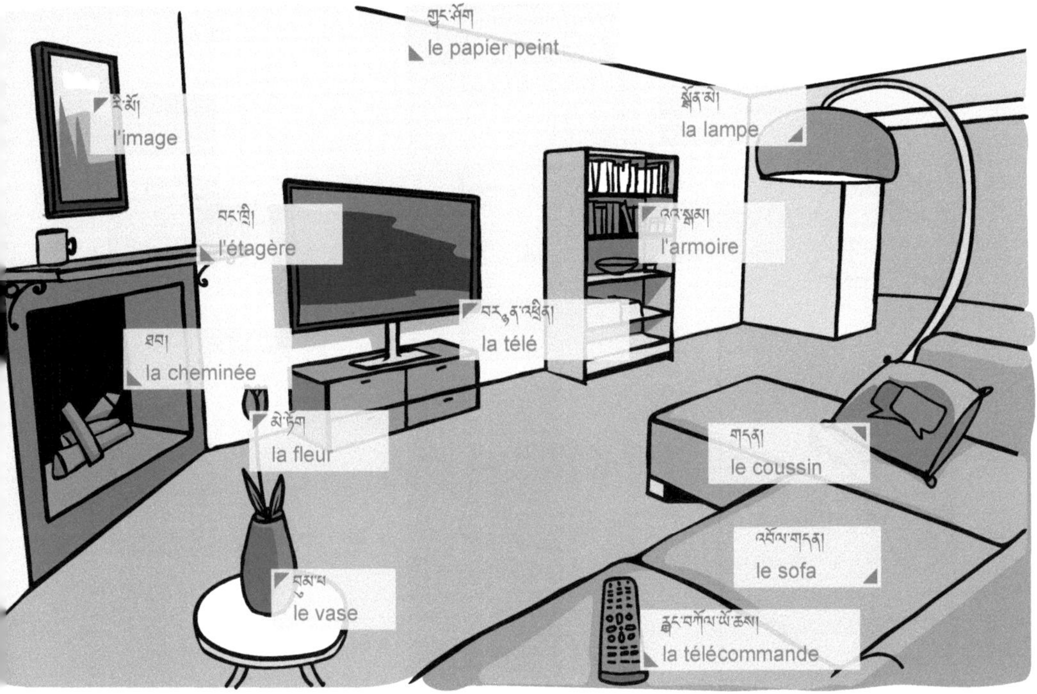

ས་གདན།
le tapis

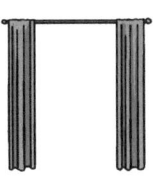

ཡོལ་བ།
le rideau

ཅོག་ཙེ།
la table

རྐུབ་རྒྱག
la chaise

འཁྱོག་འགུལ་རྐུབ་སྟེགས།
la chaise à bascule

རྐུབ་ཀྱག་ལག་འཛུན།
le fauteuil

དཔེ་དེབ།

le livre

ཉལ་ཐུལ།

la couverture

རྒྱན་བཀོད།

la décoration

མེ་ཤིང་།

le bois de chauffage

གློག་བརྙན།

le film

བསྒྱུར་ཆས།

la chaîne hi-fi

ལྡེ་མིག

la clé

གསར་ཤོག

le journal

ཚོན་རིས།

la peinture

གསར་བསྐུལ།

le poster

རླུང་ཕྲིན།

la radio

ཟིན་ཐོ།

le bloc-notes

རྡུལ་ཕྱགས།

l'aspirateur

ཀུ་ཤིང་།

le cactus

ཡང་ལ།

la bougie

la cuisine

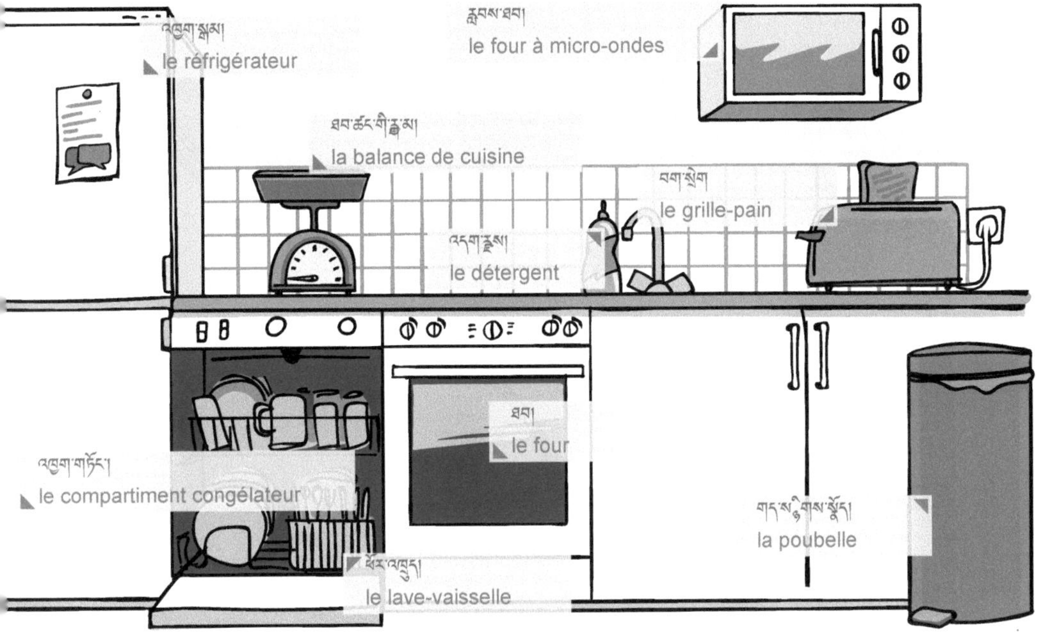

ཨ་ལྟབ་སྣུམ།
le réfrigérateur

སྐྱུབས་ཐབ།
le four à micro-ondes

ཐབ་ཚད་ཀྱི་རྒྱ་མ།
la balance de cuisine

 བག་སྲེག
le grille-pain

འདག་རྫས།
le détergent

ཐབ།
le four

འཁྱག་གཏེར།
le compartiment congélateur

གད་སྙིགས་སྣོད།
la poubelle

ཕོར་འཁྲུད།
le lave-vaisselle

དབུགས་རྩིག
le four

ཟ་འཐག
la casserole

ལྕགས་ཟངས།
la marmite

སྐྱར།
le wok / kadai

ཚོས་སྐྱར།
la poêle

ཇ་བླིར།
la bouilloire electrique

ཨོྃག་ཐུ།

le cuiseur vapeur

བསྲེགས་སྡེར།

la plaque de cuisson

རྫ་ཆས།

la vaisselle

གོ་རེ།

le gobelet

ཕོར་པ།

la coupe

ཐུར་མ།

les baguettes

གཟར་བུ།

la louche

གྲི།

la spatule

དཀྲུག་ཐུར།

le fouet

ཚགས་སྦྱགས།

la passoire

ཚགས་རྒྱ།

le tamis

ཞིབ་འཕྲུལ་འཁྲུལ་འཁོར།

la râpe

སྟོག་ཅིང་།

le mortier

ཁ་བསྲེགས།

le barbecue

མེ་སྒོགས།

la cheminée

ཚོད་པང་།

la planche à découper

སྐྱིལ་ཤིང་།

le rouleau à pâtisserie

ཁད་བ་བཙོག

le tire-bouchon

ལྕགས་ཀྱིང་

la boîte

ལྕགས་ཀྱིང་ཁ་འབྱེད་ཆས།

l'ouvre-boîte

ཁོ་སློམ།

les maniques

ཁྲུ་ཤུར།

le lavabo

སྤུ་འདུ།

la brosse

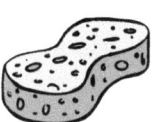

འཁྱིག་སྦོན

l'éponge

སྤུབ་དཀྱུག་འཁྱུལ་འཕོར།

le mixeur

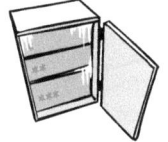

འཁྱག་ཐབ་འཁྱུལ་འཕོར།

le congélateur

ཕྱིས་པའི་ནུ་རྡ།

le biberon

ཁྲུ་ག

le robinet

la salle de bain

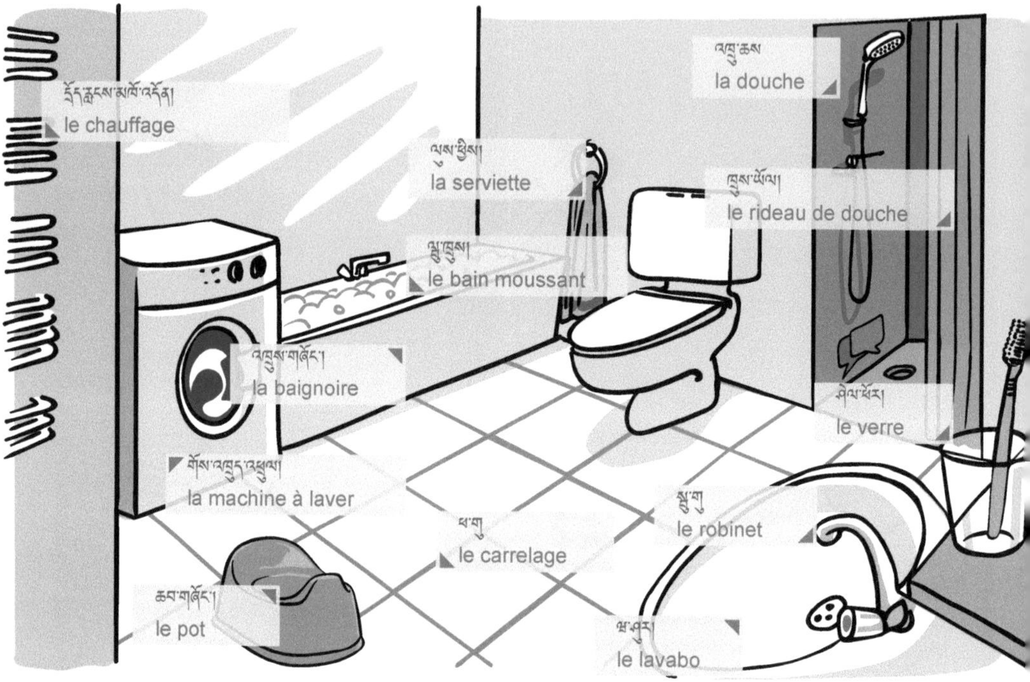

འཁྲུ་ཆུས།
la douche

 རྡུང་རླངས་མལ་འོ་འཕྲུལ།
le chauffage

ལུས་ཕྱིས།
la serviette

ཁྲུས་ཡོལ།
le rideau de douche

སྤུ་ཁྲུས།
le bain moussant

འཁྲུས་གཞོང་།
la baignoire

ཤེལ་ཕོར།
le verre

གོས་འཁྲུད་འཕྲུལ།
la machine à laver

ཆུ་མྱག
le robinet

ས་གྱང་།
le carrelage

ཆབ་གཞོང་།
le pot

ཆུ་འཁུར།
le lavabo

འདུག་སྤུབས་ཆབ་གཞོང་།
les toilettes

གསང་སྤྱོད།
la toilette à la turque

འཁྲུས་གཞོང་།
le bidet

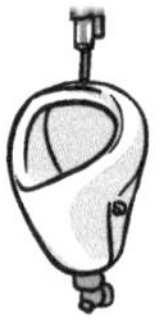

གཙང་གཏོང་ཆབ།
l'urinoir

གཅོང་ཤོག
le papier toilette

གསང་སྤྱོད་ཤིང་།
la brosse à toilette

 སོ་བཀྲུ།
....
la brosse à dents

སོ་སྨན།
....
le dentifrice

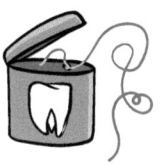

སོ་སྐུད།
....
le fil dentaire

བཀྲུ་བ།
....
laver

ལག་ཏུ་བཟུང་བའི་འཁྲུ་ཆས།
....
la douche manuelle

ཁྲུས།
....
la douche intime

གཟོང་མ།
....
la vasque

རྒྱབ་ཕད།
....
la brosse dorsale

ཕྱིས་ཆལ།
....
le savon

ཁྲུས་ཞིབ།
....
le gel douche

སྐྲ་འབྲུད་རྫི་ག
....
le shampooing

ཕྱི་ལན་སྨུ།
....
le gant de toilette

ཆུ་གཏོང་བ།
....
l'écoulement

སྐུ་སྨན།
....
la crème

དྲི་ཞིམ།
....
le déodorant

མེ་ལོང་།

le miroir

མེ་ལོང་།

le miroir cosmétique

སྤུར་བཞར།

le rasoir

བཞར་བའི་སྤུམ།

la mousse à raser

ཁ་སྤུ་བཞར་རྗེས།

l'après-rasage

སོ་མང་།

la peigne

འགད།

la brosse

སྐྲ་འབུད་འཕུལ་འཁོར།

le sèche-cheveux

འཇིག་སྦྲིན།

la laque pour cheveux

ཉིྐ་ཕེར།

le fond de teint

མཆུ་སྐུད།

le rouge à lèvres

སེན་སྐུད།

le vernis à ongles

བལ་ཕྲུམ།

l'ouate

སེན་ཆོག

le coupe-ongles

དྲི་ཆུ་ཞིམ།

le parfum

འཁྲུས་ལག།
....
la trousse de toilette

བཞད་ལྕི་དོར་བ།
....
le tabouret

ལུས་ཚ།
....
le pèse-personne

འཁྲུས་གོས།
....
le peignoir

འཕྱིག་སྦྱིན་ལག་ཤུབས།
....
les gants de nettoyage

སྨྱུད་འཛབས།
....
le tampon

ཉེན་ཕོག།
....
les serviettes hygiéniques

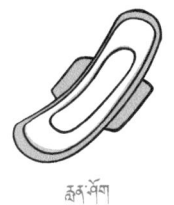

རྫས་འགྱུར་གསང་སྤྱོད།
....
la toilette chimique

བྱིས་པའི་ཁང་པ།

la chambre d'enfant

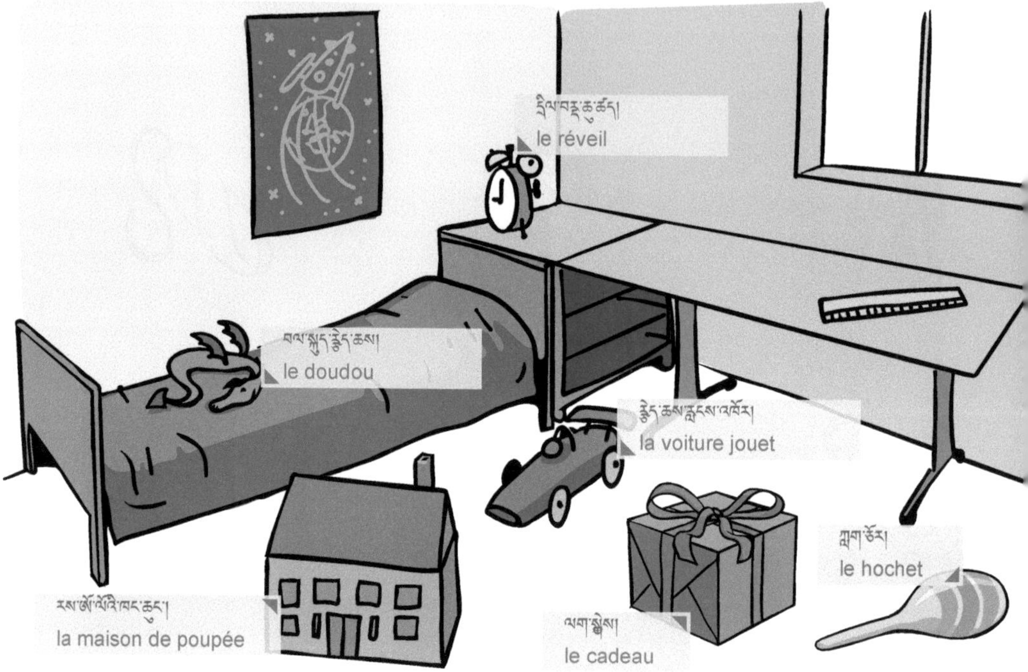
ཉལ་བརྡ་ཆུ་ཚོད།
le réveil
བལ་སྐྱད་རྩེད་ཆས།
le doudou
རྩེད་ཆས་རླངས་འཁོར།
la voiture jouet
ཀླག་ཅོར།
le hochet
རས་ཨོ་ལོའི་ཁང་ཆུང་།
la maison de poupée
ལག་རྟེན།
le cadeau

དབུགས་སྒང་།

le ballon

ཉལ་ཁྲི།

le lit

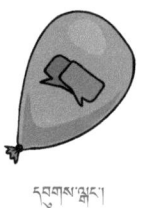

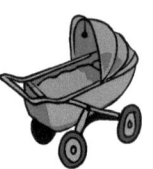

བྱིས་པའི་འཁྱོགས་འཁོར།

la poussette

སོག་ཤག

le jeu de cartes

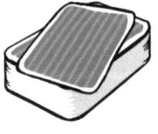

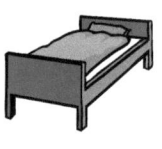

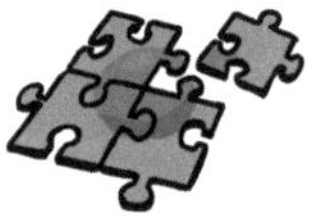

རིས་བསྒྲིག་རྩེད་ཆས།

le puzzle

SUPER
MEGA

རྒྱུ་འབྲེལ་རི་མོ།

la bande dessinée

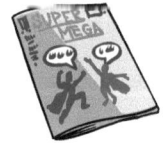

ལེ་གོ།
les pièces lego

བཟོས་མེད།
les blocs de construction

དབྱིབས་འབུར་འཕུལ་མི།
la figurine

ཤིའུ་ནར་སོན།
la grenouillère

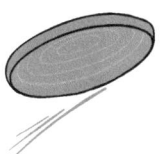

འཕར་སྙེར།
le frisbee

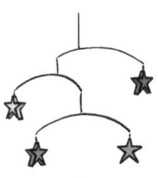

སྐྱ་བདེའི་རྣམ་པ།
le mobile

སྤེག་མངས་ཀྱི་རོལ་རྩེད།
le jeu de société

སྨོ་རྩེད།
le dé

དཔེ་རྫིབས་མི་འཁོར།
le train miniature

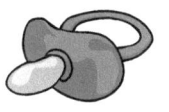

རྣུས་མ།
la sucette

འདུ་ཚོགས།
la fête

རི་མོའི་དཔེ་དེབ།
le livre d'images

པོ་ལོང་།
la balle

རས་ཨོ་ལོ།
la poupée

རྩེད་མོ་རྩེད།
jouer

བྱེ་དོང་།

le bac à sable

འཕྱང་རྟང་།

la balançoire

རྩེད་ཆས།

les jouets

རྩེད་འཕྲུལ།

la console de jeu

འཁོར་གསུམ་འཁོར་ལོ

le tricycle

ཐའི་དྲེད་ཞུང་།

l'ours en peluche

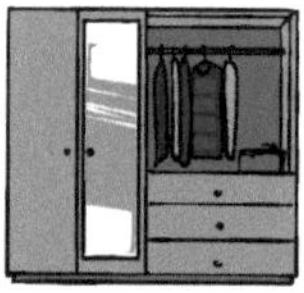

གོས་སྒམ།

l'armoire

གྱོན་ཆས།

les vêtements

རྐང་ཤུབས།

les chaussettes

ཨུམ་སུ་ལུ།

les bas

རྐང་ཤུབས།

le collant

སྐེད་གྱིས།
l'écharpe

གདུགས།
le parapluie

སྐུན་ཐུང་།
le t-shirt

རྐེད་ཆས།
la ceinture

ལྷམ།
les bottes

བཞི་ལ་ལྷམ།
les pantoufles

རྐང་སྐྱོད་གྱིན་ཆས།
les baskets

འདུད་ལྷམ།
les sandales

ལྷམ།
les chaussures

འགྱིག་ལྷམ།
les bottes de caoutchouc

ཨེན་རས།
les sous-vêtements

བུད་ཞེབས།
le soutien-gorge

རྒྱལ་ཞེན།
le maillot de corps

དྲ་སྙིའི་གོན་ཆས།

le body

རྐང་ཚོ།

le pantalon

འཇིནས།

le jean

སྨད་གཡོགས།

la jupe

ལོག་འཐུག

le chemisier

སྟོད་ཐུང་།

la chemise

བལ་གོས།

le pull

ཞྭ་ལྭ།

le sweat à capuche

ཕྲེང་གོས་སྟོད་ལེ།

la veste

ཆར་གོ་ལེ།

la veste

སྟོད་གོས།

le manteau

ཆར་གོས།

l'imperméable

གྲིན་ཆས།

le costume

གྲིན་གོས།

la robe

བག་གོས།

la robe de mariée

དུག་སློག

le costume

ཉལ་གོས

la chemise de nuit

ཉལ་གོས

le pyjama

ས་རི

le sari

མགོ་དཀྲིས

le foulard

ཐོད་དཀྲིས

le turban

ཕོག་ལ

la burqa

ཀ་ཕུ་ཏན

le caftan

ཨ་པ་ཡ

l'abaya

ཁྲུས་གོས

le maillot de bain

བུད་ཁོག

le maillot de bain

དོར་ཐུང

le short

ལུས་རྩལ་སྦྱོང་ཆས

la tenue d'entraînement

པང་གདན

le tablier

ལག་ཤུབས

les gants

སྐྲོག་རྒྱུ།
le bouton

མིག་ཤེལ།
les lunettes

ལག་གདུབ།
le bracelet

སྐེ་ཆེན།
le collier

ཕྲེངས་ལེབས།
la bague

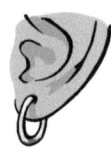

རྣ་ཕྱོད།
la boucle d'oreille

ཞྭ།
le bonnet

གོས་རྡུང་།
le cintre

གུས་ཞྭ།
le chapeau

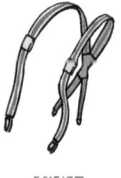

གོང་དཀྱིས།
la cravate

འཛིན་སྒྲོག
la fermeture éclair

རྨོག
le casque

དཔུང་ཐག
les bretelles

སློབ་གོས།
l'uniforme scolaire

ཕྱག་ཆས།
l'uniforme

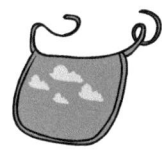

ལྷ་ཁེབས།

le bavoir

རྫུས་མ།

la sucette

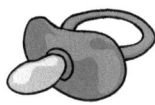

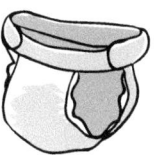

ཆུ་གདན།

la lange

ལས་ཁུངས།

le bureau

གསལ་ལེན་པ།
le serveur
ཡིག་ཚའི་སྒམ།
l'armoire d'archivage
ཤོག་བུ།
le papier
ཡིག་དཔར་ཆས།
l'imprimante
འཆར་ཤེལ།
l'écran
ཙིག་བརྙན།
la souris
ཅོག་ཙེ།
le bureau
ཡིག་ཁུག
le classeur
འཛིན་གཞོང་།
le clavier
གད་སྙིགས་སྣོད།
la corbeille à papier
གློག་ཀླད།
l'ordinateur
རྐུབ་རྐྱག
la chaise

ཚིག་ཇ་ཀོ་རེ།

la tasse de café

ཨང་རྩིས་འཕྲུལ་བྱད།

la calculatrice

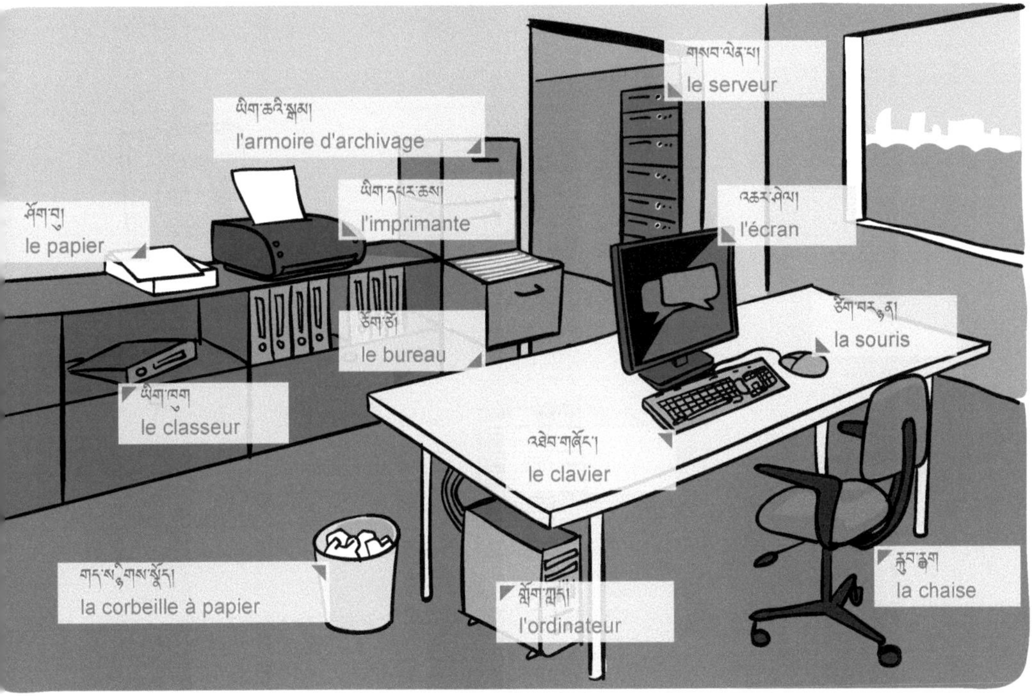

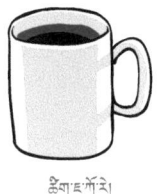

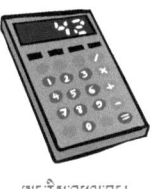

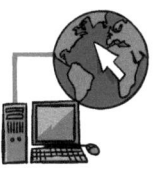

དྲ་རྒྱ།

l'internet

ལག་འཁྱེར་གློག་ཀླད།
....
l'ordinateur portable

ཡི་གེ
....
la lettre

འཕྲིན་སྐུར།
....
le message

ལག་འཁྱེར་ཁ་པར།
....
le portable

དྲ་ལམ།
....
le réseau

བཤུར་དཔར་ཆས།
....
la photocopieuse

མཉེན་ཆས།
....
le logiciel

ཁ་པར།
....
le téléphone

ཕྲད་གདན།
....
la prise

རྒྱུད་འཕྲོད།
....
le fax

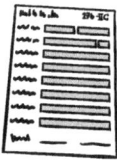

རེའུ་མིག
....
le formulaire

ཡིག་ཆ།
....
le document

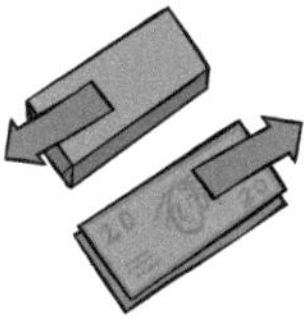

ཉོ།

acheter

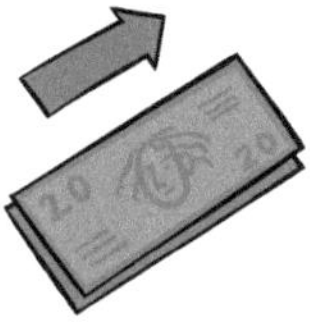

དངུལ་སྤྲོད་པ།

payer

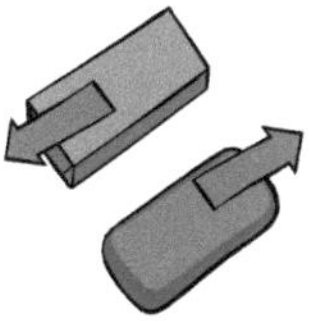

ཚོང་རྒྱག་པ།

faire du commerce

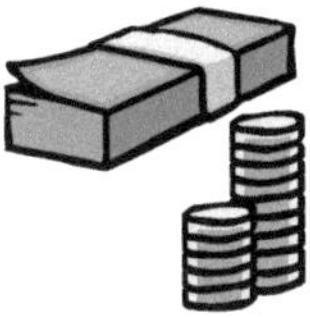

སྒོར་མོ།

la monnaie

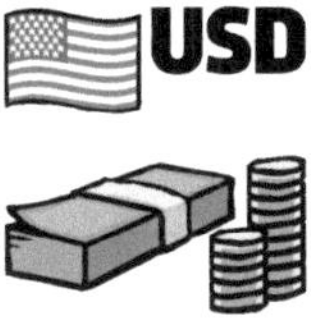

ཨ་སྒོར།

le dollar

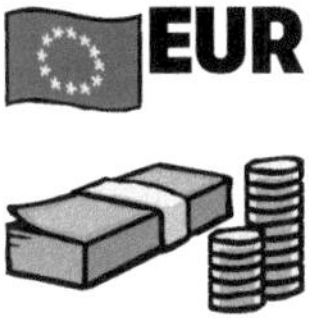

ཡོ་སྒོར།

l'euro

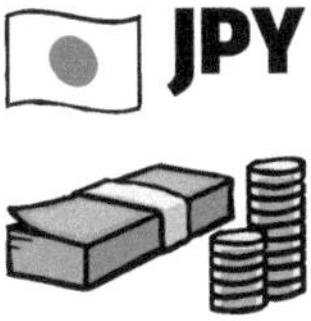

རི་གོར།

le yen

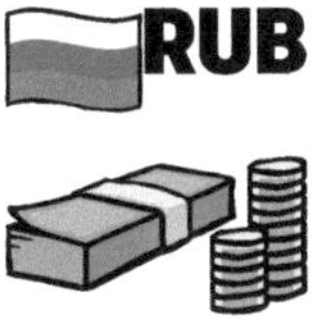

རུའུ་བླེས།

le rouble

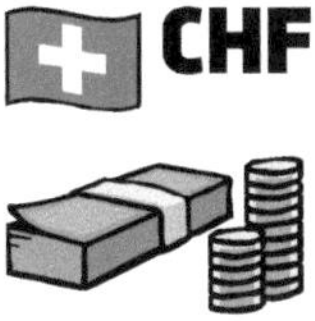

སུའི་ཙེར་གྱི་ཧྥ་རན་སིའི་སྒོར་མོ།

le franc suisse

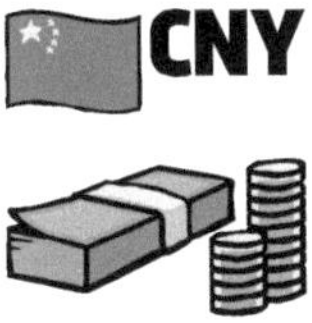

རྒྱ་ནག་གི་སྒོར་མོ།

le renminbi yuan

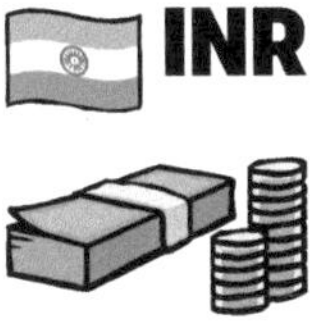

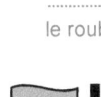

ལུའུ་ཕི།

la roupie

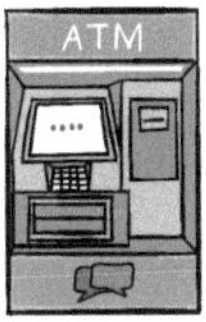

ལག་དངུལ་གྱི་གནས།

le distributeur automatique

བརྗེ་འགྱུར་ལས་ཁུངས།
....
le bureau de change

གསེར།
....
l'or

དངུལ།
....
l'argent

སྣུམ།
....
le pétrole

ནུས་ཤུགས།
....
l'énergie

རིན་གོང་།
....
le prix

གན་རྒྱ།
....
le contrat

དཔྱ་ཁྲལ།
....
la taxe

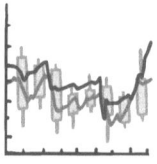

ཅོང་ཚོག
....
l'action

ལས་ཀ་བྱེད་པ།
....
travailler

ལས་བྱེད་པ།
....
l'employé

ལས་ཀ་སྤྲོད་མཁན།
....
l'employeur

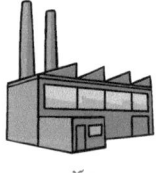

བཟོ་གྲྭ།
....
l'usine

ཚོང་ཁང་།
....
le magasin

les professions

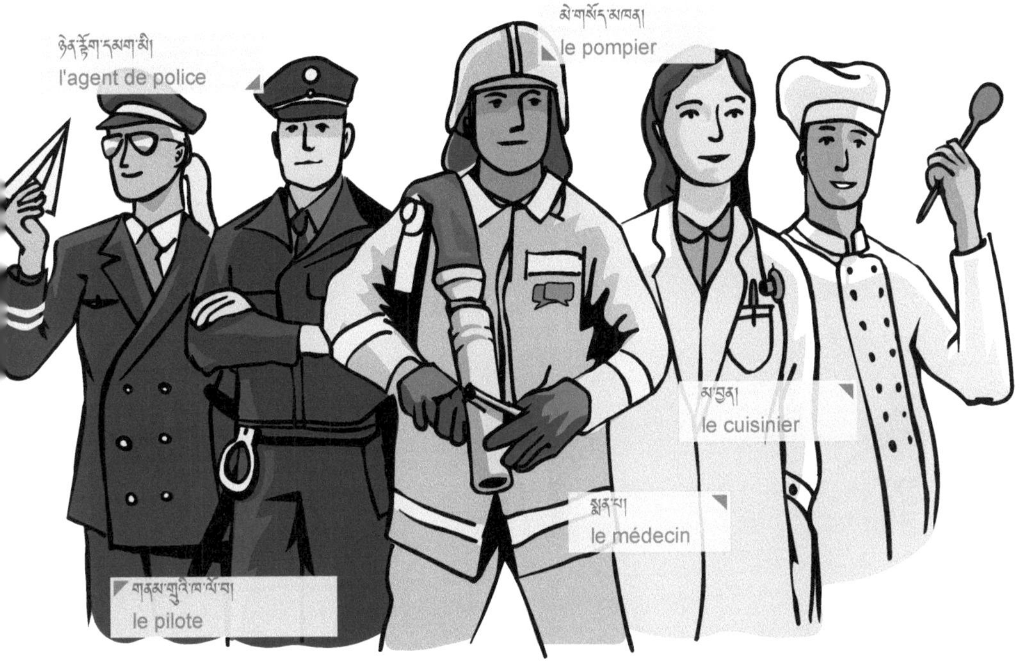
ཉེན་རྟོག་དམག་མི།
l'agent de police
མེ་གསོད་མཁན།
le pompier
མ་བྱན།
le cuisinier
སྨན་པ།
le médecin
གནམ་གྲུའི་ཁ་ལོ་བ།
le pilote

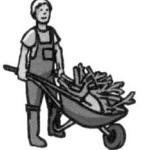

ལྡུམ་ར་པ།

le jardinier

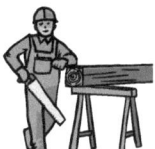

ཤིང་བཟོ་བ།

le menuisier

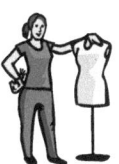

ཚེམ་མཁན་མ།

la couturière

ཁྲིམས་དཔོན།

le juge

རྫས་སྦྱོར་མཁས་པ།

le chimiste

གློག་བརྙན་འཁྲབ་སྟོན་པ།

l'acteur

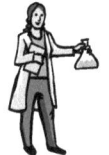

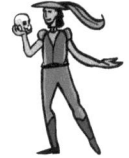

ཁ་ལོ་བ།

le conducteur de bus

སྐུ་ཏྲུག་རྡུངས་འཕོར་ལོ་བ།

le chauffeur de taxi

ཉ་པ།

le pêcheur

གཙང་སྦྲ་བྱེད་མཁན།

la femme de ménage

ཁང་ཐོག་བཟོ་མཁན།

le couvreur

ཞབས་ཞུ་བ།

le serveur

རྔོན་པ།

le chasseur

ཚོན་རྩི་གཏོང་མཁན།

le peintre

བག་ལེབ་ལས་མཁན།

le boulanger

གློག་བཟོ་མཁན།

l'électricien

ཨར་ལས་པ།

l'ouvrier

ཨར་ལས་འཆར་འགོད་པ།

l'ingénieur

བཤན་པ།

le boucher

ཆུ་ལམ་བཟོ་སྐྱོག་པ།

le plombier

ཡིག་སྐྱེལ་བ།

le facteur

ལས་རིགས། - les professions

དམག་མི།
....
le soldat

ཨར་ལས་པ།
....
l'architecte

དངུལ་གཉེར།
....
le caissier

མེ་གསོད་ལཁན།
....
le fleuriste

སྐྲ་བཟོ་མཁན།
....
le coiffeur

སྐྱ་འདྲེན།
....
le contrôleur

བཟོ་ལས་པ།
....
le mécanicien

འགོ་བྱེད།
....
le capitaine

སོའི་སྨན་པ།
....
le dentiste

ཚན་རིག་པ།
....
le scientifique

འཇིན་སློབ་དཔོན།
....
le rabbin

ཨི་མམ།
....
l'imam

གྲྭ་པ།
....
le moine

ཆོས་དོན་གཉེར་མཁན།
....
le prêtre

les outils

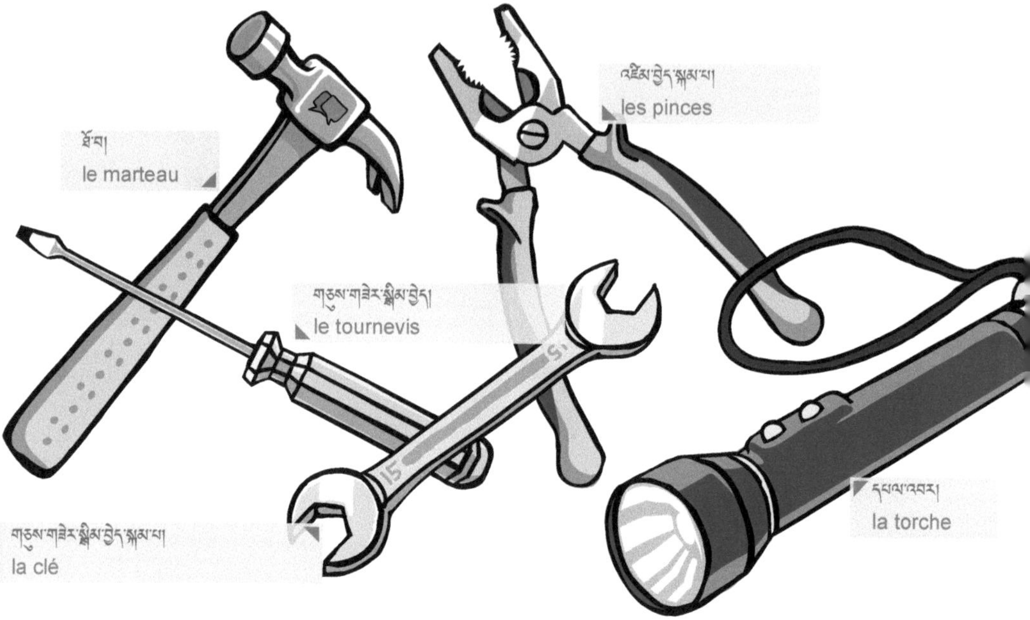

ཐོ་བ།
le marteau

འཛིམ་བྱེད་སྐམ་པ།
les pinces

གཅུས་གཟེར་སྐྱིས་བྱེད།
le tournevis

གཅུས་གཟེར་སྐྱིས་བྱེད་སྐམ་པ།
la clé

དཔལ་འབར།
la torche

སྤྱོག་མ་ལས།
la pelleteuse

སྤྱོད་ཆས་སྒམ།
la boîte à outils

འཛེགས་སྐས།
l'échelle

སོག་ལེ།
la scie

ལྕགས་གཟེར།
les clous

འབིགས་གསོར་འཕར་འཁོར།
la perceuse

བཙོ་བཅོས་རྒྱག་པ།

réparer

སྐྱོག་མ།

la pelle

ཨ་མའི་ག

Mince !

གད་གཞིགས་གཡུགས་བྱེད་སྐྱོགས།

la pelle

ཚོན་ཆོ།

le pot de peinture

གཅུས་གཟེར།

les vis

རོལ་ཆས།

les instruments de musique

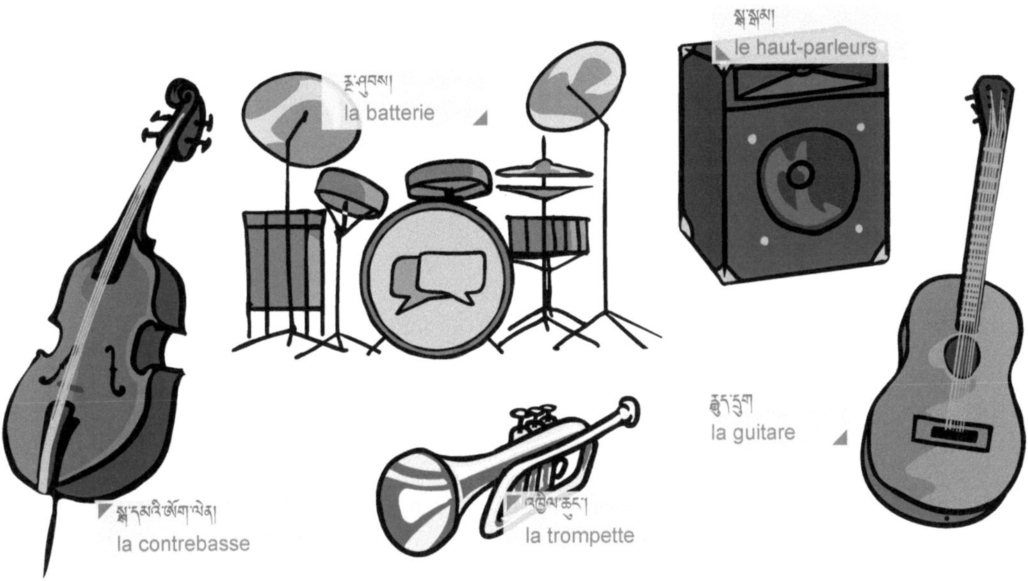

རྔ་ཤུབས།
la batterie

སྒྲ་སྐྱལ།
le haut-parleurs

སྒྲ་སྙན།
la guitare

སྒྲ་སྙན་འི་ཨོག་ལེན།
la contrebasse

འབུད་ཆུང་།
la trompette

 རྫ་སྙེན།

le piano

འདེགས་ཆུང་།

le violon

སྒྲ་གདངས་དམའ་བ།

la basse

སྐུ་སྐྲིག་རྔ་པ།

les timbales

རྔ།

le tambour

མཐེབ་གཅོང་།

le piano électrique

སལག་སེ་སྐོན།

le saxophone

འཕེད་གླིང་།

la flûte

སྐད་སྒྲོག

le microphone

རོལ་ཆས། - les instruments de musique

le zoo

 སྟག
le tigre

གཟེབ།
la cage

སྒོ་ཁ།
l'entrée

ཀྲུང་ཁྲ།
le zèbre

གཙན་གཉིགས་ཀྱི་ཕྱོ་སྣེར་བ།
l'alimentation animale

དོམ་ཁྲ།
le panda

སྲོག་ཆགས།
les animaux

གླང་ཆེན།
l'éléphant

ཀངྒུ་རུ།
le kangourou

བསེ་རུ།
le rhinocéros

མི་རྒོད།
le gorille

དོམ།
l'ours

རྔ་མོང་།

le chameau

རྔ་མོང་བྱ་ཆེན།

l'autruche

སེང་གེ།

le lion

སྤྲེའུ།

le singe

དང་པའི་རྒྱལ་པོ།

le flamand rose

ནེ་ཙོ།

le perroquet

དོམ་དཀར།

l'ours polaire

བྱ་ཆེན་པེད་གུན།

le pingouin

ཉ་ཆེན་མཆུ།

le requin

རྨ་བྱ།

le paon

སྦྲུལ།

le serpent

ཆུ་སྲིན།

le crocodile

གཅན་གཟན་ཁང་གི་གཉེར་མཁན།

le gardien de zoo

རྨ་ཚོ་སྒྲོང་།

le phoque

གཅན་གཟན་གུང་།

le jaguar

ཡུལ་རྟ།
....
le poney

གཟིག
....
le léopard

མ་ཚོ་ཐག
....
l'hippopotame

ཤ་གླ་ཝེ་རིང་།
....
la girafe

ཁྲ།
....
l'aigle

ཕོ་ཐག
....
le sanglier

ཉ།
....
le poisson

རུས་སྦལ།
....
la tortue

ཕོལ་རས།
....
le morse

ཝ་མོ།
....
le renard

དགོ་བ།
....
la gazelle

les sports

ཨ་རིའི་རྐང་རྩེད་སྤོ་ལོ།
l'american Football

ཉིང་སྐུ་རི་ལ་བཞོན་པ།
le cyclisme

ཊེ་ནི་སོ།
le tennis

ལན་ཚིའི་སྤོ་ལོ།
le basket-ball

ཆུ་སྐྱལ་བ།
la natation

གྲུག་ལེན།
la boxe

འཁྲུག་གི་བི།
le hockey sur glace

རྐང་རྩེད་པོ་ལོ།
....
le football

བ་སྐོ་ནི་སྤོ་ལོའི་རྩེད་མོ།
....
le badminton

ལུས་རྩལ་ལས་འགུལ།
....
l'athlétisme

ལག་རྩེད་པོ་ལོ།
....
le handball

གངས་ཤུད་པ་ལེབ།
....
le ski

པོ་ལོ།
....
le polo

les activités

 གད་མོ་དགོད་པ།
rire

མཆོང་བ།
sauter

འཁམས་འཁྱུད་ཕྲེད་པ།
embrasser

གོམ་པ་རྒྱག་པ།
marcher

གླུ་ལེན་པ།
chanter

རྨི་ལམ་རྨོང་བ།
rêver

གསོལ་བ་འདེབས་པ།
prier

འོ་བྱེད་པ།
faire la bise

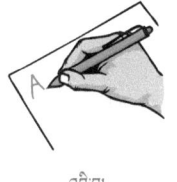

འབྲི་བ།
écrire

འབྲི་བ།
dessiner

མིག་ལ་སྟོན་པ།
montrer

འབུད་རྒྱག་གཏོང་བ།
pousser

སྤྲོད་པ།
donner

ལེན་པ།
prendre

ཡོད་པ།
....
avoir

བྱེད།
....
faire

ཡིན།
....
être

ལངས་པ།
....
être debout

རྒྱུག་པ།
....
courir

འབྱེད་པ།
....
trier

འཕེན་པ།
....
jeter

ལྷུང་བ།
....
tomber

ཉལ་བ།
....
être couché

སྒུག་པ།
....
attendre

འཁྱེར།
....
porter

མར་སྡོད་པ།
....
être assis

གྱོན་པ།
....
s'habiller

གཉིད་ཁུག་པ།
....
dormir

ཡར་ལངས་པ།
....
se réveiller

ལྟ་བ།

regarder

དུ་བ།

pleurer

བྱིལ་པ་བྱིལ་པ།

caresser

སྐྲ་ཤད་པ།

peigner

སྐད་ཆ་ཤོད་པ།

parler

རྟོགས་པ།

comprendre

དྲི།

demander

ཉོན་པ།

écouter

འཐུང་།

boire

ཟ།

manger

ལེགས་སྒྲིག

ranger

དགའ་བ།

aimer

བཙོ་བ།

cuire

རླངས་འཁོར་གཏོང་བ།

conduire

འཕུར་བ།

voler

རྒྱ་མཚོར་སྐྱོད་པ།

faire de la voile

རྩིས་རྒྱག་པ།

calculer

གློག་པ།

lire

སློབ་སྦྱོང་བྱེད་པ།

apprendre

ལས་ཀ་བྱེད་པ།

travailler

གཉེན་སྒྲིག་བྱེད་པ།

se marier

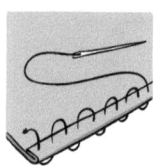

འཚེམ་པ།

coudre

སོ་འཁྲུས།

brosser les dents

གསོད་པ།

tuer

འདུད་པ་འཐེན་པ།

fumer

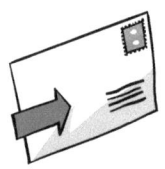

གཏོང་བ།

envoyer

la famille

ཕྱི་མོ།
a grand-mère

པོ་པོ།
le grand-père

ཨ་ཕ།
le père

ཨ་མ།
la mère

ཕྲུག་ག
le bébé

བུ་མོ།
la fille

བུ་ཕྲུག
le fils

མགྲོན་པོ།

l'hôte

ཨ་ནེ།

la tante

ཨ་ཁུ།

l'oncle

ཕ་ནུ།

le frère

ཨ་ཆེ།

la sœur

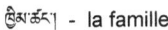

le corps

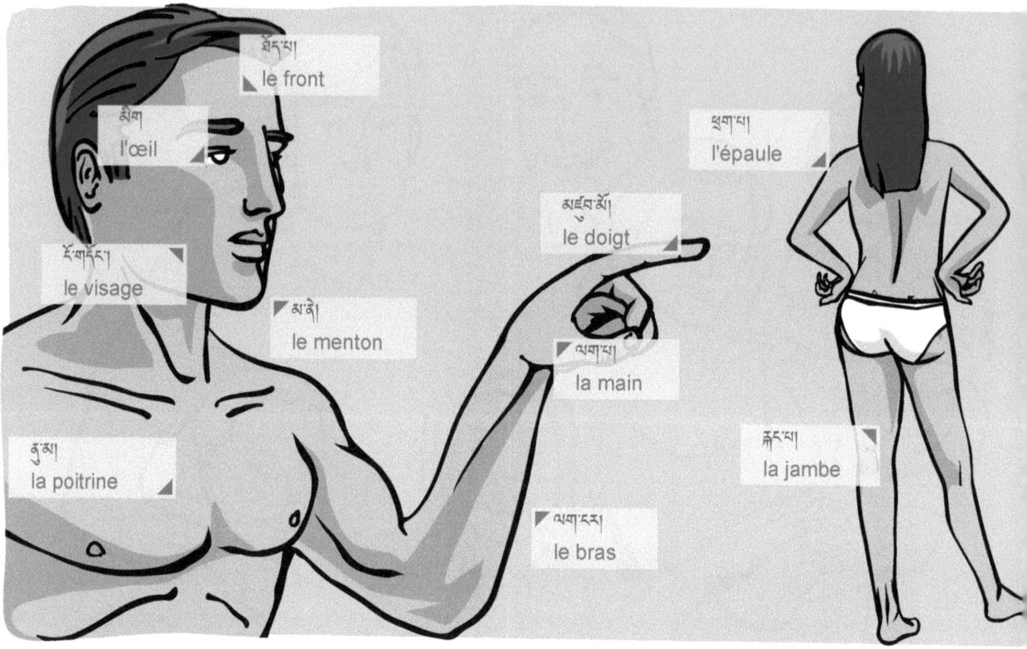

ཏྲེད་པ།
le front

སྨིག
l'œil

ཕྲག་པ།
l'épaule

མཛུབ་མོ།
le doigt

ངོ་གདོང་།
le visage

མ་ནེ།
le menton

ལག་པ།
la main

ཆུ་མ།
la poitrine

རྐང་པ།
la jambe

ལག་དར།
le bras

ཕྲིས་པ།
le bébé

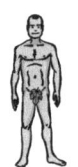

སྐྱེས་པ
l'homme

བུད་མེད།
la femme

བུ་མོ།
la fille

བུ།
le garçon

མགོ
la tête

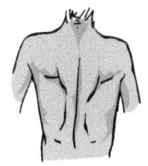

སྐུལ་པ།

le dos

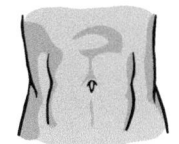

ཁོག་པ།

le ventre

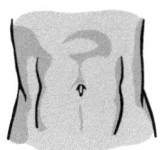

ལྟེ་བ།

le nombril

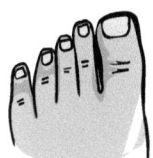

རྐང་མཛུབ།

l'orteil

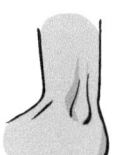

རྟིང་ག

le talon

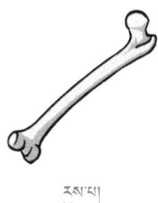

རུས་པ།

l'os

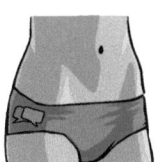

དཔྱི་མགོ

la hanche

པུས་མོ།

le genou

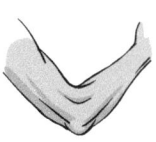

གྲུ་མོ།

le coude

སྣ།

le nez

རྐུབ།

les fesses

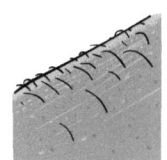

པགས་པ།

la peau

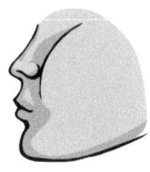

འགྲམ་པ།

la joue

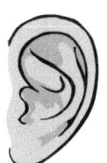

རྣ་མཆོག

l'oreille

མ་མཆུ།

la lèvre

ཁ་

la bouche

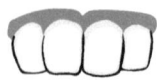

སོ།

la dent

ལྕེ།

la langue

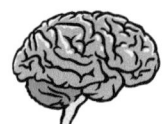

ཀླད་པ།

le cerveau

སྙིང་།

le cœur

ཤ་གནད།

le muscle

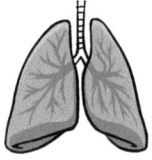

གློ་བ།

les poumons

མཆིན་པ།

le foie

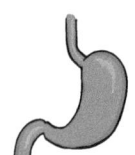

གྲོད་པ།

l'estomac

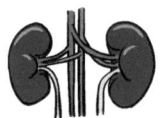

མཁལ་མ།

les reins

འཁྲིག་སྤྱོད།

le rapport sexuel

ཤུད་ཤུབས།

le préservatif

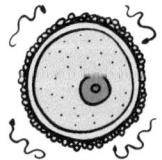

ཁམས་དམར།

l'ovule

ཁམས་དཀར།

le sperme

སྦྲུམ་མའི་གནས་སྐབས།

la grossesse

ལུས་པོའི། - le corps

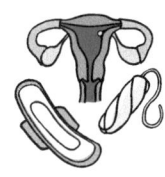

སྲ་མ་ཚད།
....
la menstruation

སྟུ་སྐོ།
....
le vagin

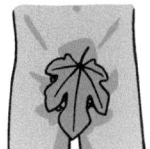

ཕོ་མ་ཚད།
....
le pénis

སྨིན་མ།
....
le sourcil

སྐྲ།
....
les cheveux

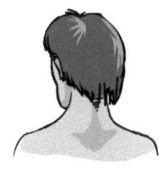

སྐེ།
....
le cou

l'hôpital

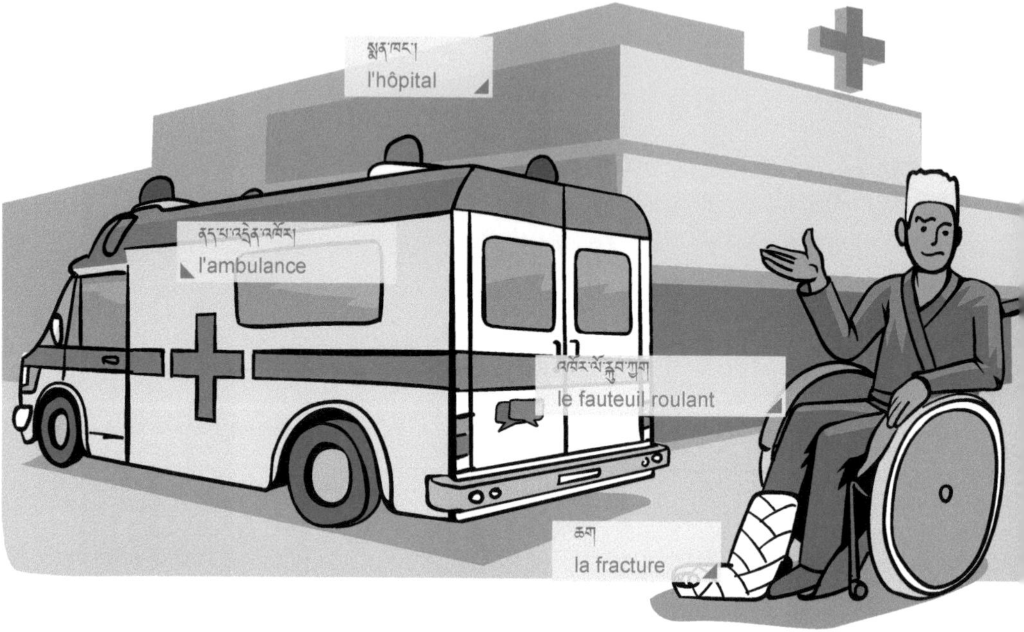

 སྨན་ཁང་།
l'hôpital

ནད་པ་འདྲེན་འཁོར།
l'ambulance

འཁོར་ལོ་རྐུབ་ཀྱག
le fauteuil roulant

ཆག
la fracture

སྨན་པ།

le médecin

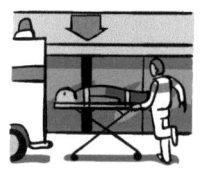

སྤྱིར་སྐྱོབ་ཁང་།

le service des urgences

ནད་གཡོག

l'infirmière

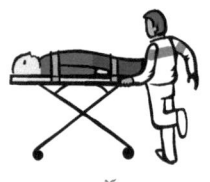

སྤྱིར་སྐྱོབ།

l'urgence

དྲན་པ་བརྫོམ།

inconscient

ཟུག་རྔུ

la douleur

ཪྨོན།

la blessure

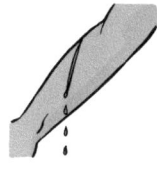

ཁྲག་བཞུར་བ།

l'hémorragie

སྙིང་ཁྲག་དགག་པ།

la crise cardiaque

གཟན་ཐོག

l'attaque cérébrale

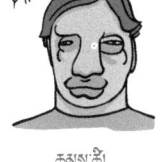

ཚབས་ཆེ།

l'allergie

གློ་རྩུག་པ།

la toux

ཚ་བ་རྒྱས་པ།

la fièvre

ཚབས་རིམས།

la grippe

བཤལ་ནད།

la diarrhée

མགོ་ན།

le mal de tête

སྐྲན་ནད།

le cancer

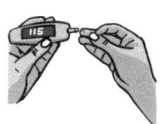

གཅིན་སྙི།

le diabète

གཤགས་གཏོང་སྨན་པ།

le chirurgien

གཤགས་བཅོས་གྲི།

le scalpel

བཀོལ་སྦྱོང་།

l'opération

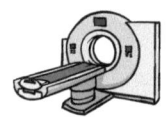

CT་ཞིབ་བཤེར།

le CT

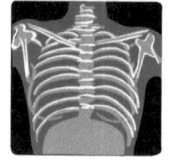

གློག་དཔར།

la radiographie

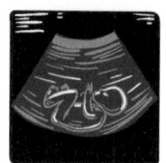

བརྒལ་སྐྲའི་གློག་པར།

l'échographie

ཁ་ཁེབས།

le masque

ནད།

la maladie

སྒུག་ཁང་།

la salle d'attente

ཞ་པོའི་འཁར་ཤིང་།

la béquille

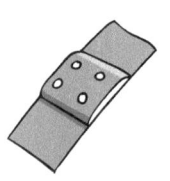

ཐབ་རྒྱབ།

le pansement

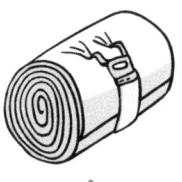

རྒྱ་དཀྲིས།

le pansement

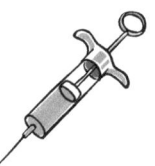

ཁབ།

l'injection

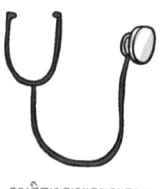

ནད་ཞིབ་རྒྱུ་སྣ་འཕྲུལ་ཆས།

le stéthoscope

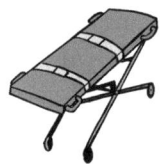

འགྲོ་འཕུར།

le brancard

ཚ་དྲག་ཚིས་ཆས།

le thermomètre

སྐྱེ་བ།

l'accouchement

ལྱིད་བརྒྱལ།

la surcharge pondérale

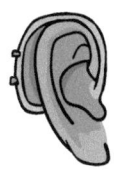

 རྣ་བའི་ཡོ་བྱད།

l'appareil auditif

དུག་སེལ་སྨན་རྫས།

le désinfectant

འགོ་བ།

l'infection

དུག་སྲིན།

le virus

ཨེ་ཅི་ནད་དུག

le VIH / le sida

སྨན།

le médicament

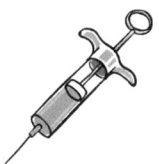

སྨན་འབོག་སྨན་ཁབ།

la vaccination

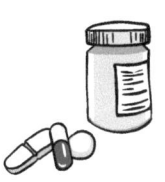

སྨན་རིལ།

les comprimés

སྨན་འབོག་སྨན།

la pilule

སྐུལ་སྐྱོད་འབོད་པ།

l'appel d'urgence

ཁྲག་གནོན་རྩིས་ཆས།

le tensiomètre

ནད་པ་བདེ་པོ་ཐང་པོ།

malade / sain

སྐྱོག་སྐྱོབ་ཡ།

Au secours !

ཉེན་བརྡ།

l'alarme

རྩོལ་འཛིངས།

l'assaut

བཙན་རྩོལ།

l'attaque

ཉེན་ཁ།

le danger

བྲོས་སྒུར་ཐོན་སྒོ།

la sortie de secours

མེ།

Au feu!

མེ་གསོད་ཡོ་བྱད།

l'extincteur

འཁྲུལ་ཉེན།

l'accident

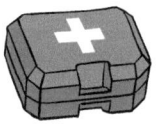

སྨན་སྒྲོན་སྣམ།

la trousse de premier
secours

ཚ་སྒྲོག་སྐྱོབས།

SOS

ཉེན་རྟོག་པ།

la police

la terre

ཡོ་རོབ།

l'Europe

ཨ་མེ་རི་ཀའི་བྱང་མ།

l'Amérique du Nord

ཨ་མེ་རི་ཀའི་ལྷོ་མ།

l'Amérique du Sud

ཨ་ཕྲི་རི་ཀ།

l'Afrique

ཨེ་ཤི་ཡ།

l'Asie

ཨོ་སི་ཏྲོལ་ལི་ཡ།

l'Australie

རྒྱབ་ཆེན་རྒྱ་མཚོ།

l'Océan atlantique

ཞི་བདེའི།

l'Océan pacifique

རྒྱ་གར་རྒྱ་མཚོ།

l'Océan indien

ལྷོ་སྦྲུའི་རྒྱ་མཚོ།

l'Océan antarctique

བྱང་སྦྱི་བྱང་མའི་རྒྱ་མཚོ།

l'Océan arctique

བྱང་རྩེ།

le Pôle nord

ནུ་སྲི།

le Pôle sud

ནུ་སྲི་སྲིད།

l'Antarctique

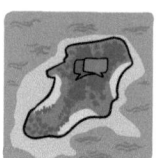

སི་གོ་ལ།

la terre

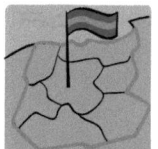

ཡ།

le pays

རྒྱ་མཚོ།

la mer

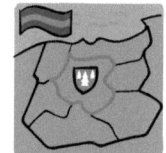

གླིང་ཀ།

l'île

རྒྱལ་ཁབ།

la nation

རྒྱལ་ཁབ།

l'état

ཆུ་ཚོད།

le cadran

ཆུ་ཚོད་ཀྱི་མདའ།

l'aiguille des heures

སྐར་མདའ།

l'aiguille des minutes

སྐར་མདའ།

l'aiguille des secondes

དུས་ཚོད་ག་ཚོད་རེད།

Quelle heure est-il ?

ཉིན།

le jour

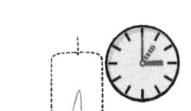

དུས་ཚོད།

le temps

ད་ལྟ།

maintenant

མཐོབ་དཔྱིབས་ཅན་གྱི་ཆུ་ཚོད

la montre digitale

སྐར་མ།

la minute

དུས་ཚོད།

l'heure

la semaine

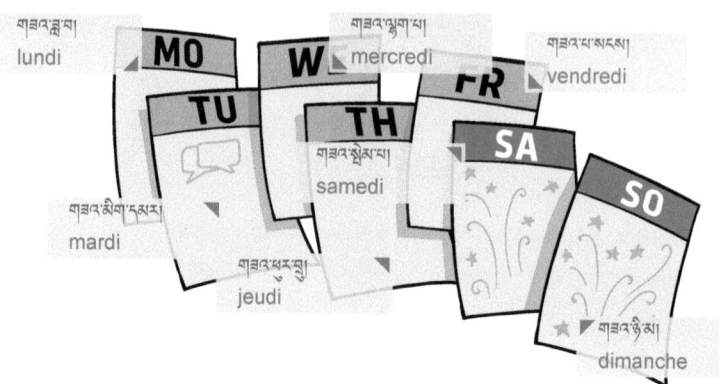

གཟའ་ཟླ་བ། lundi
གཟའ་ལྷག་པ། mercredi
གཟའ་པ་སངས། vendredi
གཟའ་མིག་དམར། mardi
གཟའ་སྤེན་པ། samedi
གཟའ་ཕུར་བུ། jeudi
གཟའ་ཉི་མ། dimanche

ཁ་སང་།

hier

དེ་རིང་།

aujourd'hui

སང་ཉིན།

demain

ཞོགས་པ།

le matin

ཉིན་དགུང་།

le midi

དགོང་མོ།

le soir

MO	TU	WE	TH	FR	SA	SU
1	2	3	4	5	6	7
8	9	10	11	12	13	14
15	16	17	18	19	20	21
22	23	24	25	26	27	28
29	30	31	1	2	3	4

ལས་གཉེར་ཉིན་མོ།

les jours ouvrables

MO	TU	WE	TH	FR	SA	SU
1	2	3	4	5	6	7
8	9	10	11	12	13	14
15	16	17	18	19	20	21
22	23	24	25	26	27	28
29	30	31	1	2	3	4

བདུན་ཕྲག་གི་མཇུག་འཁྱུག

le week-end

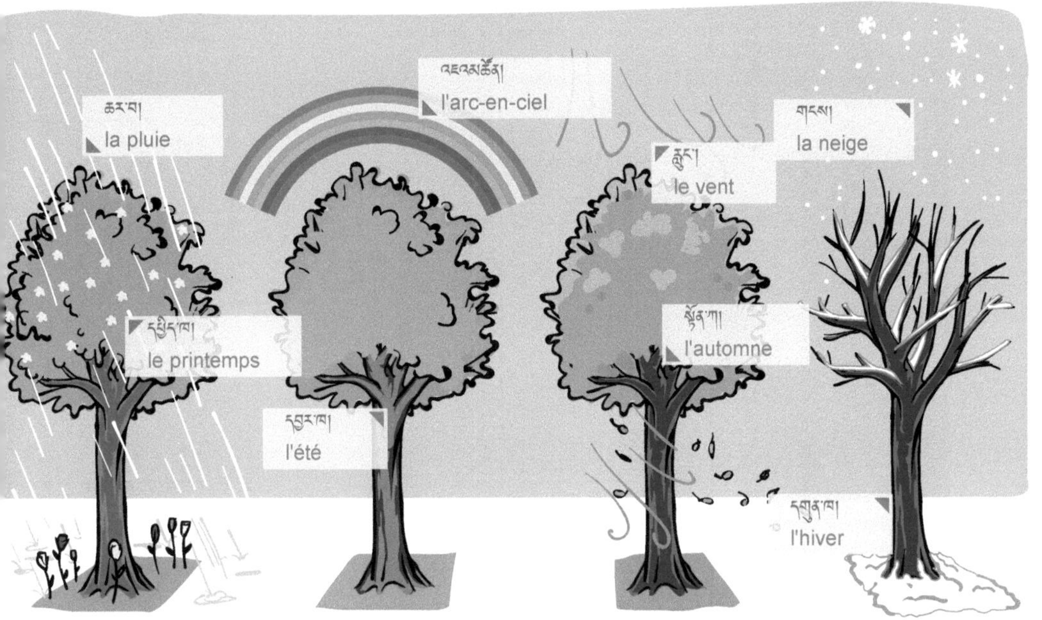

ཆར་པ།
la pluie

འཇའ་མཚོན།
l'arc-en-ciel

རླུང་།
le vent

གངས།
la neige

དཔྱིད་ཁ།
le printemps

དབྱར་ཁ།
l'été

སྟོན་ཁ།
l'automne

དགུན་ཁ།
l'hiver

གནམ་གཤིས་སྟོན་བརྡ།

la météo

ཌྲོད་ཚད་རྩིས་ཆས།

le thermomètre

ཉི་འོད།

la lumière du soleil

སྤྲིན།

le nuage

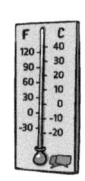
སྨུག་པ།

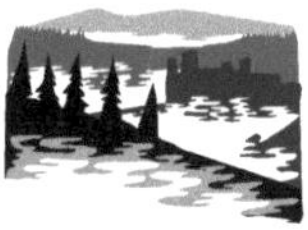

le brouillard

བརླན་ཚོད།

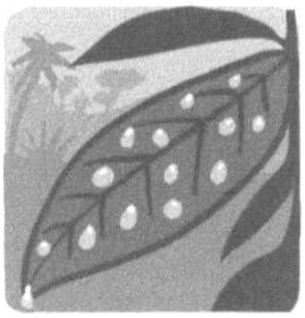

l'humidité

སྐྲོག

la foudre

འབྲུག་སྐད།

la tonnerre

རླུང་འཚུབ།

la tempête

སེར་བ།

la grêle

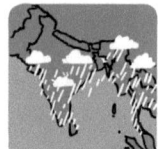

དུས་ཆུང་།

la mousson

ཆུ་ལོག

l'inondation

འཁྱགས་པ

la glace

སྤྱི་ཟླ་དང་པོ།

janvier

སྤྱི་ཟླ་གཉིས་པ།

février

སྤྱི་ཟླ་གསུམ་པ།

mars

སྤྱི་ཟླ་བཞི་པ།

avril

སྤྱི་ཟླ་ལྔ་པ།

mai

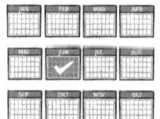

སྤྱི་ཟླ་དྲུག་པ།

juin

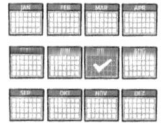

སྤྱི་ཟླ་བདུན་པ།

juillet

སྤྱི་ཟླ་བརྒྱད་པ།

août

ལོ། - l'année

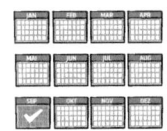

སྤྱི་ཟླ་དགུ་པ།

septembre

སྤྱི་ཟླ་བཅུ་པ།

octobre

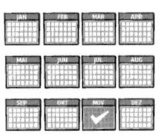

སྤྱི་ཟླ་བཅུ་གཅིག་པ།

novembre

སྤྱི་ཟླ་བཅུ་གཉིས་པ།

décembre

དབྱིབས་པ།

les formes

སྒོར་སྒོར།

le cercle

གྲུ་བཞི་མ།

le carré

གྲུ་བཞི་རིང་མོ།

le rectangle

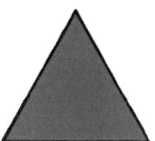

ཟུར་གསུམ་མ།

le triangle

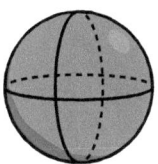

སྒོར་གཟུགས།

la sphère

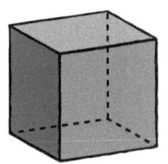

ཟུར་དཔངས་གྲུ་བཞི་མ།

le cube

les couleurs

 དཀར་པོ།

blanc

སེར་པོ།

jaune

ལི་དབང་།

orange

ཟིང་སྐྱ།

rose

དམར་པོ།

rouge

མུ་མེན་མདོག

violet

སྔོན་པོ།

bleu

ལྗང་གུ

vert

རྒྱ་སྨུག

marron

སྐྱ་པོ།

gris

ནག་པོ།

noir

les oppositions

མང་པོ་ཉུང་བ།

beaucoup / peu

ཁྲོ་བོ་ཞི་འཛུམ་ཅན།

fâché / calme

མ་རབས་ཁ་ཁྱབ།

joli / laid

སྒོ་བཙུགས་པ་མཇུག་སྐྱེལ།

le début / la fin

ཆེ་བ་ཆུང་བ།

grand / petit

འོད་ཕྲོམ་ཕྲོམ་མུན་ནག

clair / obscure

ཕུ་བུ་ཨ་ཅེ།

frère / soeur

གཙང་མ་བཙོག་པ།

propre / sale

ཆ་ཚང་ཆ་ཚང་མ་ཚང་བ།

complet / incomplet

ཉིན་མོ་མཚན་མོ།

le jour / la nuit

གཤིན་པོ་གསོན་པོ།

mort / vivant

ཡངས་པོ་དོག་པོ།

large / étroit

ཟ་རུང་ཟ་མི་རུང་བ།
....
comestible / incomestible

དན་པ་སེམས་བཟང་།
....
méchant / gentil

དགའ་སྤྲོ་སྐྱེ་བ་སྐྱུང་སྐྱེས་པ།
....
excité / ennuyé

ཚོན་པོ་རིད་པོ།
....
gros / mince

དང་པོ་མཐའ་མ།
....
le premier / le dernier

གྲོགས་པོ་དགྲ་བོ།
....
l'ami / l'ennemi

བིངས་པ་སྟོང་པ།
....
plein / vide

མཁྲེགས་པོ་འཇམ་པོ།
....
dur / souple

ལྗིད་པོ་ཡང་པོ།
....
lourd / léger

བཀྲེས་པ་སྐོམ་པ།
....
faim / soif

ནད་པ་བདེ་པོ་ཐང་པོ།
....
malade / sain

ཁྲིམས་འགལ་གྱི་ཁྲིམས་ཀྱི།
....
illégal / légal

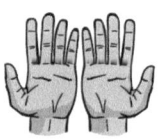

རིག་པ་ཅན་བླུན་པ།
....
intelligent / stupide

གཡོན་གཡས།
....
gauche / droite

ཉེ་པོ་ཐག་རིང་པོ།
....
proche / loin

གསར་པ་དང་རྙིང་པ།
....
nouveau / usé

གང་ཡང་མིན་པ་གག་རེ་ཡིན་ན།
....
rien / quelque chose

ཚོན་མ་མཚོ་བ་གཞོན་ནུ།
....
vieux / jeune

སྤྲོད་པ་ཡར།
....
marche / arrêt

ཁ་འབྱེད་ནས་ཡོད་པ་ཁ་བཏད་ནས་ཡོད་པའི།
....
ouvert / fermé

ཁུ་མིད་པོ་ཤུགས་ཆེན་པོ།
....
faible / fort

ཕྱུག་པོ་སྐྱོ་པོ།
....
riche / pauvre

ཚོས་རེག་ནོར་པ།
....
correct / incorrect

རྩུབ་པོ་འཇམ་པོ།
....
rugueux / lisse

ཡིད་སྐྱོ་བི་དགའ་པོ།
....
triste / heureux

ཐུང་ག་རིང་བ།
....
court / long

དལ་ག་མྱུར་བ།
....
lent / rapide

རློན་པ་སྐམ་པོ།
....
mouillé / sec

དྲོན་པོ་གྲང་མོ།
....
chaud / froid

འཐབ་པ།
....
la guerre / la paix

les nombres

0

གྲད་ཀོར།

zéro

1

གཅིག

un / une

2

གཉིས།

deux

3

གསུམ།

trois

4

བཞི།

quatre

5

ལྔ།

cinq

6

དྲུག

six

7

བདུན།

sept

8

བརྒྱད།

huit

9

དགུ

neuf

10

བཅུ།

dix

11

བཅུ་གཅིག

onze

12

བཅུ་གཉིས།

douze

13

བཅུ་གསུམ།

treize

14

བཅུ་བཞི།

quatorze

15

བཅོ་ལྔ།

quinze

16

བཅུ་དྲུག

seize

17

བཅུ་བདུན།

dix-sept

18

བཅོ་བརྒྱད།

dix-huit

19

བཅུ་དགུ

dix-neuf

20

ཉི་ཤུ།

vingt

100

བརྒྱ།

cent

1.000

སྟོང་།

mille

1.000.000

ས་ཡ།

le million

les langues

དབྱིན་སྐད།

l'anglais

ཨ་རིའི་དབྱིན་སྐད།

l'anglais américain

རྒྱ་སྐད།

le chinois mandarin

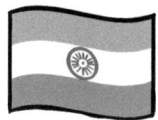

ཧིན་དི།

le hindi

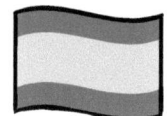

སི་པེན་གྱི་སྐད་རིགས།

l'espagnol

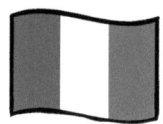

ཕ་རན་སིའི་སྐད་རིགས།

le français

ཨ་རབ་ཀྱི་སྐད་རིགས།

l'arabe

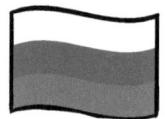

ཨུ་རུ་སུའི་སྐད་རིགས།

le russe

པོར་ཐུག་གལ་གྱི་སྐད་རིགས།

le portugais

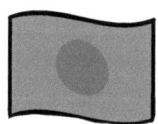

སྦུང་གཱ་ལ་སྐད་རིགས།

le bengali

འཇར་མན་སྐད་རིགས

l'allemand

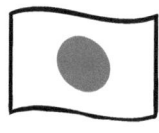

ཛ་པན་སྐད་རིགས།

le japonais

ང་།

je

ཁྱེད་རང་།

tu

♂ ♀ O

ཁོ་མོ་འདི།

il / elle / ce, c', cela

ང་ཚོ།

nous

ཁྱེད་ཚོ།

vous

ཁོ་ཚོ།

ils / elles

སུ།

Qui ?

ག་རེ།

Quoi ?

ག་འདྲ།

Comment ?

ག་བ།

Où ?

ག་དུས།

Quand ?

HELLO, I AM

མིང་།

le nom

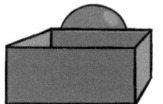

རྒྱབ་ན།
....
derrière

ནང་ན།
....
dans

མདུན་ན།
....
devant

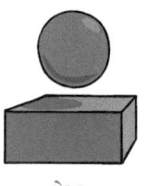

སྟེང་ན།
....
au-dessus

སྟེང་ན།
....
sur

འོག་ན།
....
en-dessous

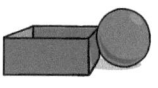

འགྲམ་དུ།
....
à côté de

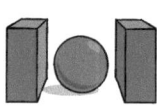

བར་དུ།
....
entre

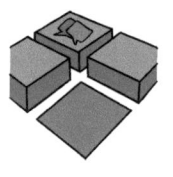

ས་གནས།
....
le lieu